NUMBER 6
メディア総研ブックレット

誰のためのメディアか

法的規制と表現の自由を考える

●問題提起
人権擁護のたたかいとジャーナリズムの営みをたしかなものにするために……3
桂　敬一　日本ジャーナリスト会議代表委員

●パネル・ディスカッション
【パネリスト】
猪瀬直樹　日本ペンクラブ言論表現委員会委員長
桂　敬一　日本ジャーナリスト会議代表委員
田島泰彦　上智大学教授／コーディネーター
塚本みゆき　報道の自由を求める市民の会
畑　衆　日本新聞労働組合連合委員長
宮台真司　東京都立大学助教授
渡邉眞次　弁護士、放送と人権等権利に関する委員会（BRC）委員

包囲されるメディア……15
メディア規制の何が問題か……38
メディアとジャーナリズムの課題……59
メディアをどう変えるか……69

花伝社

パネリストの紹介

猪瀬直樹（いのせ　なおき）

作家。日本ペンクラブ言論表現委員会委員長。1946年長野県生まれ。『ミカドの肖像』で第18回大宅壮一ノンフィクション賞を、『日本国の研究』で96年度文藝春秋読者賞を受賞。現在フジテレビ系ニュースワイド番組のコメンテイター、政府税制調査会委員なども務める。著書はそのほかに『天皇の影法師』『黒船の世紀』『ペルソナ　三島由紀夫伝』『ピカレスク　太宰治伝』などがある。

桂　敬一（かつら　けいいち）

日本ジャーナリスト会議代表委員。1935年東京生まれ。東京外大卒。59年日本新聞協会に入り、日本記者クラブ総務部長、研究所長を歴任。88年東大新聞研究所（現・社会情報研究所）教授、95年立命館大教授を経て99年より東京情報大教授。著書に『新聞業界』『現代の新聞』『日本の情報化とジャーナリズム』、編著に『21世紀のマスコミ』などがある。

田島泰彦（たじま　やすひこ）

上智大教授。1952年埼玉県生まれ。早大大学院修了。神奈川大教授を経て現職。専門は憲法、メディア法。97年から「放送と人権等権利に関する委員会（ＢＲＣ）」委員を、2000年から毎日新聞「『開かれた新聞』委員会」委員を務める。著書（共著・編著）に『マスコミと人権』『政治倫理と知る権利』『日本社会と法』『憲法の精神』『現代メディアと法』『情報公開法』『少年事件報道と法』などがある。

塚本みゆき（つかもと　みゆき）

報道の自由を求める市民の会。1949年島根県生まれ。奈良女子大卒。93年のテレビ局報道局長の国会証人喚問に関し、市民有志で考える会を発足させて１年にわたり検証を行い、「国会証人喚問事件分析レポート」をまとめる。その後「報道の自由を求める市民の会」と改称、事務局を担当。95年から2000年まで主として放送法の解釈を巡り郵政省放送行政局と論争を続ける。市民の立場から一貫してメディアへの公的規制に反対する意見表明を行っている。

畑　衆（はた　しゅう）

新聞労連委員長。1959年東京生まれ。84年朝日新聞社に入る。甲府、津支局勤務、名古屋本社経済部、整理部および東京本社整理部を経て、99年仙台支局次長、2000年東京本社整理部次長。この間、96年から１年間朝日新聞労組本部書記長を務める。2000年９月から新聞労連本部執行委員長。

宮台真司（みやだい　しんじ）

東京都立大助教授。1959年宮城県生まれ。東大大学院博士課程修了。社会学博士（社会システム理論）。ＮＨＫと民放連でつくる自主機関「放送番組向上委員会」委員を務める。著書に『権力の予期理論』『サブカルチャー神話解体』『制服少女たちの選択』『終わりなき日常を生きろ』『野獣系でいこう!!』『自由な新世紀・不自由なあなた』『援交から革命へ』などがある。

渡邉眞次（わたなべ　しんじ）

弁護士。1940年生まれ。70年弁護士登録。84年日弁連人権擁護委員会副委員長、87年日弁連第30回人権大会「人権と報道」シンポジウム実行委員長、89年日弁連・人権と報道に関する調査研究委員会委員長などを歴任。90年千葉県弁護士会会長。92年から民放連・放送番組調査会委員を務めた後、97年から「放送と人権等権利に関する委員会（ＢＲＣ）」委員を務める。著書（共著）に『報道される側の人権』、民放連放送倫理ブックレット『報道と人権』などがある。

問題提起

人権擁護のたたかいとジャーナリズムの営みをたしかなものにするために

桂　敬一　日本ジャーナリスト会議代表委員

自民敗北の原因メディアに？

「メディアの法的規制と表現の自由を考える」というのがこのシンポジウムのテーマですが、１９９０年代の後半になって、それまでとは性質の異なるメディア規制が政権党を中心に始まり、それがいま法律による規制という形をとって現れている——そこに今日の特徴がある、と私はみています。

そうした動きは、98年7月の参議院選挙で自民党が過半数割れの大敗を喫した直後から具体的になりました。この参議院選挙は、まぎれもなく自民党政治に対する市民の審判であったのですが、自民党は敗北の原因を自らの政策や金権政治に向けるのではなく、これに批判的なメディアの影響力に求め、10月にまずメディアを監視するための「報道モニター制度」をスタートさせます。これは全国から約二〇〇〇人のモニターを選び、テレビや新聞に「不適切な報道」があったとモニターが判断した場合は、直ちに報道機関に抗議させるとともに、自民党本部にも通報させ、本部としても報道機関に抗議、訂正を求めるというものです。自民党がメディアに対してたいへんな敵意をもって対応しようとしていることが窺われます。

自民党はまた、「選挙報道に係る公職選挙法のあり方に関する検討委員会」を立ちあげ、報道機関の発表する世論調査の内容が有権者に予見を与えているとして、「公示の二週間前から投票日まで程度の期間を設定」して、その自粛を求めることなどを盛り込んだ「中間報告」を翌99年8月にまとめています。

さらに臓器移植報道や所沢ダイオキシン報道が問題になると、「報道と人権等のあり方に関する検討会」を党政調会内に設置し、「行き過ぎた報道を監視する国民的ネットワークの確立」などとともに、法的措置を検討すべきとする「報告書」をやはり99年8月に発表しています。

99年といえば、長年にわたって市民運動が取り組んできた情報公開法が成立した年でもありますが（施行は01年4月）、それと同時に、そうした情報公開の流れに危機感を強める自民党が、盗聴法、日の丸・君が代法、日米防衛協力のためのガイドライン法、住民基本台帳法の改正、不正アクセス禁止法、憲法調査会設置法といった法案を、詰めた議論もせずにどんどん成立させていった年でもあります。そして、これらの法律もまた、言論・表現の自由に深く関わるものであることを指摘しておきます。

メディア規制三点セット

こうした経緯を経て、2000年には、自民党の参議院を中心に検討していた「青少年社会環境対策基本法案」、政府で検討していた「個人情報保護法案」、それに法務省の人権擁護推進審議会で検討をつづけていた「人権救済機関設置」問題という、いわゆる「メディア規制三点セット」が次々と具体的な姿を現すことになるのです。

青少年社会環境対策基本法案は、昨年4月の素案の段階では「青少年有害環境対策基本法」となっていました。文字通りメディア「有害情報」を規制することを意図した法律です。自民党が通常国会への提出を考えているのは、参議院選挙をにらんでのことです。青少年に対する有害情報の規制という問題を、メディアに対する市民の不満と結びつけ、その声をバックにメディア規制をやろうというわけです。

個人情報保護法案も、本来は政府の保有する個人情報を、政府が悪用しないようにその侵害からどうやって守るかを定めることが目的であったにもかかわらず、政府が保有する個人情報の保護についての検討は後回しにして、個人情報を取り扱う民間の事業者を規制することに熱心になっています。それは、官邸に設置された高度情報通信社会推進本部（現在のＩＴ戦略本部）で検討が行われたこととも無関係ではありません。要するに、ｅコマース（電子商取引）などをやるにあたって個人情報の保護が欠かせないという関心から検討をはじめたのであって、政府の保有する個人情報の市民的なあり方とか、表現の自由、学問の自由といったことは二の次なのです。そのためにこの法案では、政府は個人情報の「保護者」ないしは「監督者」として現れるだけです。

桂　敬一氏

このような個人情報保護法は、世界各国のそれとは似て非なるものであって、「個人情報取扱民間事業者規制法」とでも呼ぶべきなのが実態です。まして、メディアをこれに加えるというのは、国際常識からいって考えられないことです。

人権救済機関設置の検討にも似たようなことがいえます。そもそもこの人権機関の問題は、日本政府が国連規約人権委員会から勧告を受けたことから検討をはじめたものですが、勧告の対象となった事例は、死刑制度、代用監獄、被疑者・容疑者に対する接見の禁止、出入国管理制度とその運用など、ほとんどは政府の所管事項に対するものです。

ところが、法務省の審議会における検討はその問題をすり替え、主に民間のなかにおける人権侵害を救済する機関として構想されています。ここでも政府は、もっぱら人権救済の「保護者」として現れているといえます。

さらに、審議会の「中間取りまとめ」では、「メディアによる人権侵害」をわざわざ一項目立てて問題にしていますが、その中間取りまとめにつけられた「諸外国の国内人権機関等一覧」を見ても「政府による機関」がメディアを強制調査や勧告の対象としているところは一つもありません。これまた国際常識からいえば、とんでもないことです。

割れるメディアの姿勢と思惑

では、なぜこうも急ピッチで政府・自民党はメディア規制を急いでいるのでしょうか。森「失言」内閣の退陣が決まりましたが、このことは単に森首相の退陣ではなくて、自公保連立政権が崩壊過程に入ったことを意味しています。それだけに危機感も強く、首相の失言をメディアが事実として伝えるだけでも、これを敵視するという関係がどんどん増幅されています。

自民党は2月、幹事長室に「放送活性化検討委員会」というものを設置しましたが、これも『ニューステーション』などのテレビ報道に対する不満からできたと伝えられています。また、若手議員たちの批判を封じ込めることもあって、議員がテレビに出演するときは、事前に党の広報本部報道局に連絡するようにとの通達を、幹事長名で出したりといった締めつけも始めています。むき出しのメディア敵視政策がつづいているのです。

ところがメディア側の足並みは、必ずしも揃っているわけではありません。「三点セット」と述べたように、三つのメディア規制は一緒に問題にしていく姿勢が大事であるのですが、たとえば読売新聞の渡邉恒雄社長（日本新聞協会会長）は、『新聞之新聞』という業界紙での座談会で青少年社会環境対策基本法案をとりあげ、「一部のテレビ制作者とか、あるいは週刊誌は、特に週刊誌はプライバシーの侵害、名誉毀損、青少年に対する有害情報の過剰な供給で金もうけをしようとしているのですから、そういう法律ができて、ある程度縛られても僕はしょうがないと思う」「そんな法律ができてもこっちは痛くも痒くもない」と言っています。政府・与党はこのようなスキを衝いてきているのです。

新聞や書籍の再販（再販売価格維持）制度の問題もそうです。私も再販制度は維持すべきだと考える者の一人ですが、問題はそれが必要なことを市民に訴え、市民の理解に支えられてこれを維持していくというよりは、政治家にすり寄って守ろうという姿勢がメディアの側にあることです。これもつけ込まれるスキになっています。ＩＴの問題にもそれは見られます。メディアがデジタル化するなかで、どうやってそれを成功させようかと各メディアはいろいろ腐心しているのですが、いわば既存のメディアの権益が特権的に守られるように政治家が恩を売る状況があって、その弱みにつけ込まれることにもなっているのです。

こうしたことが、メディアが歯切れよく市民を味方にしてたたかっていくことができない弱点となっているのは、まぎれもない事実です。つまり、政府・自民党は、メディア敵視政策を強める一方で、メディアを取り込むことにも力を注いでいるのです。そのことについても警戒する必要があります。なぜなら、そうしたメディアと権力とのあいまいな関係にこそ市民は大きな不信を抱いているからです。

どうする報道被害の克服

しかし、メディアはいま、市民の不信と政治家のメディア攻撃の挟み撃ちにあって、そこからなかなか抜け出せないでいることが最大の問題だと思います。なぜそうなるかについては、メディア自身が反省すべきたくさんの原因があります。数々の報道被害を生み出してきたことへの深刻な反省と、それを克服する展望を、必ずしも持ち得ていないことです。

たとえば、ロス疑惑事件報道以降の報道被害というのは、みなさんご存じのとおりです。松本サリン事件の河野義行さんに対する誤報・冤罪報道をはじめとして、筑波大医師・妻子殺人事件、東電ＯＬ殺人事件、桶川女子大生刺殺事件といくつも挙げることができます。また、スキャンダラスなテレビのあり方を問われた問題としては、「ミッチー・サッチー」番組などが記憶に新しいところです。

さらに、報道されたものに対する批判だけでなく、メディアの集中豪雨型のすさまじい取材過程に対しても、人権侵害であるという批判が強まっています。和歌山毒入りカレー事件の現地取材を思い起こせばわかることですが、いままた、三田佳子さんの次男の事件をめぐって取材の混雑ぶりが批判を浴びています。

こういう事実を重ねるなかで、メディアは果たして十分な自浄作用を行ってきたでしょうか。努力はされてきていると思いますが、決して十分ではありません。放送における人権侵害については、ＢＲＣ（放送と人権等権利に関する委員会）を設立し、放送界として自主的に苦情の対応にあたっていますが、この活動だけで市民の信頼を回復できているとは思えません。

また、新聞界では、そのような自主的な苦情対応機関を一丸となってつくろうという声は聞かれません。しかし、かわって毎日新聞が昨年10月、『開かれた新聞』委員会」をつくったのがひとつの呼び水となって、朝日新聞、東京新聞、下野新聞、新潟日報といった各紙で読者の問題提起に対応する第三者を加えた機関を自主的に立ちあげる動きが生じました。これだけではまだ不十分でしょうが、読者は黙って新聞を買ってくればいいという姿勢から一歩踏み出して、本当のパートナーとして市民の声を聞いていくという姿勢を示したことは、注目すべきことだと思います。市民の側にもメディアを信頼していけるという、共通の基盤ができるのではないでしょうか。

公権力の不正に迫ってこそ

正直に言って、市民の側にもまだまだ「お上」頼みが多いといった問題はあります。が、市民がメディアを使う力をつけ、その力で市民運動を着実に前進させている例も、いま各地で見ることができます。たとえば、愛知万博の会場の見直しを実現させた市民運動の人たちがそうであるし、菅谷明子さんのメディア・リテラシーに関するリポートを読んでいると、日本でもメディア・リテラシーを活かしてメディア・アクセスを求める運動が着実に前進している状況がわかります。また、きょうのパネリストである塚本みゆきさんたちがやっておられる「報道の自由を求める市民の会」も、報道の自由を自分たち市民の問題としてとらえて議論するということを、着実につづけておられます。

こういう市民と手を結んでいくことこそが、いまのメディアに求められているのではないでしょうか。メディア規制を業界だけの問題とせずに、市民社会のあり方の根幹を問う問題として市民に投げかける方向をめざせば、私は市民と権力の挟撃状態からメディアを脱出させることができると思っています。

そもそもジャーナリズムは、人権擁護のために公権力とたたかい、人権の拡張に貢献することで成り立ってきたのではないでしょうか。戦後のジャーナリズム活動を振り返るだけでも、その足跡は枚挙にいとまがありませんが、古くは菅生事件で公安警察の権力犯罪を暴露した記者たちのたたかいがあり(57年)、松川事件では長年に亙って被告たちの冤罪を主張し、全員無罪の判決に決定的役割を果たした作家・広津和郎氏の活動が印象に残っています。同氏の執筆活動を粘り強く支えたのが『中央公論』でした。

近年でいえば、厚生省の無責任な薬務・医療行政を綿密な調査報道で暴き、被害患者の救済に大きな役割を果たした『ＮＨＫスペシャル――埋もれたエイズ報告』が記憶に新しいし、神奈川県警の犯罪的な暴力事件を明らかにし、その後の一連の警察権力の暗部を暴く報道のきっかけとなった時事通信の記者たちの頑張りも忘れられません。

私たちは、そうした活動をすることこそがジャーナリズムなのだという原点に、もう一度立ち返る必要があります。まさに、公権力の人権侵害こそが、市民とメディアの協働のたたかいの標的であるのです。

国家の役割を考えるとき、大きく分けて、国家の権限を強め、それにすがって清潔な国にして、そこで穏やかな暮らしができればいいという考え方と、自由な市民としての発言力を大きくしていって、公権力に勝手なことをさせない自由な社会を実現していく必要があるという考え方とがあります。そしていま、そのどちらを選択するのかの岐路に私たちは立たされているように思います。

アナーキーな情報化を撃て

そのような情勢認識に立って改めて「メディア規制と表現の自由」を考えるとき、私は「メディアは『有害情報』と人権侵害に関する本当の敵なのか」ということを問わずにはいられません。これがきょうのシンポジウムに対する私の「問題提起」でもあります。

たとえば、子どもたちが性表現や暴力表現に接すると、その影響を受けるという指摘があります。もちろん影響を受けないということはないでしょう。しかし、その影響は、いま日常的に人々の思考や感覚やコミュニケーションの世界全体を混乱させているアナーキーな情報化の急激な進行と比べてどうでしょうか。私はアナーキーな情報化の進行が子どもたちの人格形成におよぼす悪影響こそ、もっともっと重視する必要があると思います。

ジェーン・ハーリーの『コンピューターが子どもたちの心を変える』や、デービッド・ジェームズ・スミスの『子どもを殺す子どもたち』といった本を通して、ぜひそうした問題に目を向けてほしいと思います。

私の周りの学生たちを見ていると、携帯電話に平気で月二万円くらい使う一方で、新聞をとらない、雑誌を買わない、教科書も買わない（笑い）という若者がたくさんいます。学生たちもコンピュータをもつようになってきていますが、その陳腐化は激しく、次から次へと買い替えを迫られています。政府はＩＴを目玉にして景気の回復を図るといっていますが、本当にそれで経済は回復するのでしょうか。いったいそれで誰が儲けているのでしょうか。

そうした疑問と同時に、私にはそのアナーキーな情報化の進行が、実は人間とか文化といったものを壊しているのではないかという思いが強くあります。そして、そうした問題への批判をそらすために、政府や自民党は、有害情報とか人権とか個人情報の保護といったことを意識的に持ち出しているような気がしてならないのです。

人権侵害についても、本当の敵はメディアではなくて公権力であるという点は、見誤ってはならないと思います。これは民主主義社会を維持し発展させていく上での原理の問題として、絶対にゆるがせにしてはならないところです。

そこがはっきりすれば、そのためにメディアが果たすべき役割もおのずと明らかです。権力に対するウオッチドッグ（番犬）としての役割を果たすことこそが、人権擁護の役割を果たすことになるのですから。それだけに、メディア自身がその本来の役割を見失っている点については、厳しい批判が向けられるべきです。

個人情報の保護についても、問題にすべきは公権力の保有する情報であるということは、すでに述べました。公権力がもっている情報の量というのは、民間の個人情報取り扱い事業者の比ではありません。それが何のチェックもなしに勝手に使われるとしたら、それこそたいへんです。人々の内心の自由、思想の自由が抑圧されたり、いわれのない差別を生んだり、経済的な不利益をこうむるといったことが起こりかねません。そうした問題をどうチェックするかということで、個人情報の保護という問題は考えられてきたのです。これが世界の常識です。

四つの課題

このように見てくると、メディア本来の人権擁護のたたかいを前進させるためには、私たち自身もまた時代に即した新しい視点と課題を持つことが必要になってきます。なぜなら、マス・メディアはいまIT革命・市場原理万能・グローバリズムという流れのなかで、ITビジネスの寵児となるのか下僕となるのかわかりませんが、それによってたくさんの利益を得ようとしている産業界などの虜となって、国民教化の道具となる道をすすむのか、それともメディア規制とたたかいながら新しいジャーナリズムへと変身して、市民に支えられた「政府を監視する番犬」となるのか、その岐路に立っていると思うからです。その岐路でふらふらしているメディアをしっかりと市民の側に取り戻し、ジャーナリスト自身が主体性を貫けるものになっていく――これが第一の課題です。

では、市民のためのメディアになるためにどうするか。メディア規制を排除すればそれで済むというものではありません。記者クラブを改革する、デジタル時代のジャーナリスト・トレーニングをおこなう。そしてなによりも会社ジャーナリストから脱皮する必要があります。

そのためには、個人加盟のジャーナリスト組織・職能的ユニオンが欠かせない存在になると私は思っています。これが第二の課題です。

政府が今国会に提出する個人情報保護法案をみると、個人情報を取り扱う事業者には、それを守らせるための「義務規定」を設けているのですが、学術研究機関や政治団体、宗教団体とともに「報道機関」も、義務規定からは「適用除外」するとしています。しかし、「基本原則」はすべてに適用するのですから、問題の本質・問題点は何ら変わらないのですが、それにしても「適用除外」になるのは「報道機関」なのです。個々のジャーナリストや作家はどうなるのでしょうか。否も応もなく政府の規制のもとに置かれることになります。

もちろん、フリーのジャーナリストであろうと作家であろうと、不当な規制から免除される権利を回復すべきなのは当然ですが、そうした問題を考えていくうえでも個人加盟方式の職能別ユニオンは有効な存在となります。ユニオンに所属することをもって報道機関であることを認めさせることも可能になり得るからです。

これは夢物語ではありません。外国のジャーナリスト協会や記者協会に所属するジャーナリストたちは、みんなそういう権利をもっているのです。会社に入ってはじめて新聞記者や放送記者になるのは日本だけです。そういう現状からの脱皮が欠かせないと思います。

第三の課題は、メディアやインターネットの技術を活用して環境問題や福祉・差別問題、市民オンブズマン活動などさまざまな運動にとりくんでいる人たちと、マスメディアに携わる人たちとの協働の問題です。お互いをパートナーとして認め合って、それぞれの活動にどう反映させていくか——これがたいへん重要になってくると思っています。

インターネットをのぞくと、ＪＣＡネットというのがありますが、このネットを開いてみると実にたくさんのＮＧＯ（非政府組織）のサイトが現れます。こういう多彩な市民運動がすでにメディアのなかで活動しているという現実を踏まえて、協働の問題を考えるときにきていると思います。

第四の課題は国際連帯です。これも決してお題目の問題ではありません。日本ではこの冬、「ダボス賢人会議」ばかりに目がいって、同じ時期にブラジルのポルトアレグレで反ダボスを意識して開かれた「世界社会フォーラム」には、ほとんど関心が向けられませんでした。

しかしこの会議は、北の国々の市民団体と南の国々の政治家、社会運動家、農民、先住民などが一堂に会したもので、新しい「人権」観と21世紀の望ましい社会・文化のあり方に光を当てています。先進工業国がリードするグローバリズムとは異なる、国境を超えた世界市民の大連合が始まりだしているのです。

そして、たとえばフランスの『ル・モンド』紙などは、ダボス会議だけでなくこのフォーラムもきちんととりあげています。世界はもうそのように動きだしているということを発見すべきです。そうすれば21世紀の「人権」をどう考えたらいいか、その構図もはっきりしてくるはずです。

以上、四つの課題を提示して私の問題提起とさせていただきます。

パネル・ディスカッション

包囲されるメディア

田島　桂さんの問題提起を受けてこれからパネル討論を始めますが、ご覧のような顔ぶれです。果たしてコントロールできるのか、という心配もないわけではありませんが（笑い）、活発な議論ができればと思っています。

桂さんの問題提起にもあったように、メディアをとりまく状況には相当厳しいものがあると私も思っています。きょうのシンポジウムは六つの団体の共催ですが、そのこと自体画期的であると同時に、半面そうせざるを得ないほどに深刻な事態に直面している、とも言えるのではないかと思います。それだけに、ものごとを根本的に捉えて考えていくことが求められています。きょうの議論ですべてが解決することはもちろんないでしょうが、大事な論点がここで提示され、議論される――そういう機会になることを願ってシンポジウムを進めていきたいと思います。

議論のすすめ方ですが、桂さんの問題提起を踏まえつつ、いまの状況をそれぞれがどう受けとめ、何が大事なポイントになると思うかといった、いわば現状認識の議論をまず最初にやって、それから、いま提案されている一連のメディア規制のどこがどう問題なのかという本題に入っていこうと思います。もちろんメディアもいろんな問題を抱えています。その点についてもどこがどう問題なのかを議論したいと思います。そして最後に、ではどうしていくのか、どうすべきなのかを議論したい――これがコーディネーターとして描いているきょうの進行表です。

では最初に、現状をどう受けとめ、何が問題のポイントかについてのそれぞれの問題意識を、まず出していただこうと思います。猪瀬さんから順番にお願いします。

日本ペンクラブの見解

猪瀬　さまざまな角度から申し上げたいことがあるのですが、まずは日本ペンクラブの言論表現委員長としての立場からお話をしようと思います。

桂さんは「書き手のユニオンがない、それをつくるべきだ」とおっしゃいましたが、とりあえず書き手の団体には日本ペンクラブがあります。これは国際組織です。それからもう一つ、日本文芸家協会というものがあります。私はその両方に属していますが、きょうは日本ペンクラブの言論表現委員長として出席しました。言論表現委員会は、言論表現の自由の侵害に対していろいろと活動している委員会でして、ここで協議して決まった声明文などは、理事会の承認を得て「日本ペンクラブ会長・梅原猛」名で出すことになっています。最近では3月15日付で「個人情報保護法案の問題点を指摘する緊急声明」というのを出しました。

個人情報保護法案については多くの問題点があるのですが、メディアや表現活動との関連で一つだけポイントをあげると、「放送機関、新聞社、通信社その他の報道機関で報道の用に供する目的」の場合は義務規定を適用しないことになっています。もちろん「基本原則」は適用されるのですから、桂さんがおっしゃるように義務規定が適用除外になったとしても問題の本質は変わらないのですが、その報道機関に雑誌・書籍等

猪瀬直樹氏

の「出版機関」が入っていないのです。法案が「機関」という言葉をつかっているのであえて「出版機関」と言いましたが、さらに問題なのは、適用除外は機関のみであって、われわれのような言論表現活動に従事する個人は適用除外になっていません。作家、評論家、フリーランスのジャーナリストといった人たちは義務規定の適用除外にならないのです。それは問題だということで緊急声明を出しました。個人情報保護法については、昨年（00年）の4月と6月にも「要望と意見」「見解」を出しています。

また、人権救済機関については、日弁連がメディアへの強制捜査権を盛り込んだ構想を検討していることに対して、昨年10月、それは言論表現の自由の侵害ですよということで、日弁連の試案に反対しました。その後、この人権機関設置構想は法務省の人権擁護推進審議会で検討がつづけられ、11月に「中間取りまとめ」を発表します。が、ここでもメディアに対する強制調査権が盛り込まれました。そこで、この中間取りまとめの修正を求める「意見書」を12月に提出しました。たしかに報道被害が生じているケースもあるのですが、強力な権限をもつ行政機関が報道機関に立ち入り調査することができるとなると、メディアにとっては命をかけても守らなければならない「取材源の秘匿」が脅かされることになり、報道の自由、表現の自由が侵されるという別の問題が生じます。そのことを問題にしているのです。

それから、新聞社、テレビ局に対しても、報道被害への自律的な対応が必要であるとして、やはり昨年の11月に、「報道評議会／プレスオンブズマンへの取り組みに対する調査のお願い」というのをおこないました。毎日新聞が『開かれた新聞』委員会」を創設した直後のことで、そうした対応を検討しているかどうかを聞いたのです。多くの社から回答が寄せられていて、朝日新聞などではこの調査のあと「報道と人権委員会」といった第三者を加えた対応機関を発足させています。

行政機関が強力な権限をもってメディアや言論表現活動に介入してくることに対してはきちんと反論をし、われわれ自身も人権侵害には気をつけるし、メディアに対しても自律的な対応を求める——日本ペンクラブとしてそういう活動をやってきたということをまず最初に申し上げておきたいと思います。

もう一つの「三点セット」

塚本 私は、ここにいらっしゃる他のパネリストの方々とはちょっと立場が違いまして、まず言論・表現・報道活動で規制を受ける当事者ではありません。それから、救済を必要とするような人権侵害を体験することもあまりなさそうな、ごく普通の市民です。私たちの会のメンバーの多くはそういう人たちです。そんな市民として、このところのメディアへの規制の動きをどう見ているかを少しお話させていただきます。

私たちは、テレビや新聞を通して情報を得る以外に、日常生活のなかで子どもの教育やさまざまなサークル活動、市民運動を通して情報を得ていて、それをもとにものを考えたり、行動したりしています。そんな中で最近、強く感じることの一つに教育の統制ということがあります。日の丸・君が代の強制はいうまでもないことですが、そのほかにも、学校現場で校長の権限が強くなって、職員会議で話しあってものごとを決めていくという民主的な道筋が壊れてきていることや、教科書の検定・採択といったことにもそれが見られます。

それからもう一つ、警察不祥事がつづいたあとで警察官が大幅に増員されたこと、それに団体規制法、盗聴法も成立して、警察、とりわけ公安警察の力が強くなっているのではないかと思われます。そして、一連のメディア規制です。つまり、教育統制、警察力の強化、メディア規制というもう一つの「三点セット」をイメージしてみると、この社会が私たちの望まない方向に大きく変わっていこうとしているのではないかと危惧せずにはいられません。権力者にとっては都合のいい、私たちにとってはたいへん窮屈な社会になろうとしているように思います。

メディア規制もそうした流れの中にあって、これはもはや総仕上げの段階に差しかかっている、と私は見ています。というのも、私たちは昨年まで六年間にわたって郵政省の放送行政局と話し合いをもってきたのですが、その間に行政や政権政党などによる放送内容への介入がさまざまな形で行われ、そして、放送局がそれに従わされるのを見てきました。それから、大新聞がかなりの部分、政府広報の役割を果たしていて、権力を監視するという本来の機能をあまりきちんと果たしていないのではないかという思いをかなりの人が抱いています。そういうなかで、政治家の不祥事や問題発言が週刊誌などで明るみに出ることがしばしばありますが、反面こういうメディアは、人権侵害とか性表現の面で問題になることも多いのです。そういう現状を考えると、メディアに対する今回の幅広い規制には、この際メディアを一切合切コントロールできるようにしたいという思惑が見えてきます。しかも、その勢いはメディアの息の根を止めてしまうほどに差し迫っている、と私たちは認識しています。そしてこのことは市民社会の自由度や、主権者としての知る権利に大きくかかわってきます。ですから、その意味で、私たち一人ひとりができることを考え、行動していくことが必要ではないかと思っています。

現場の危機感には温度差も

畑　新聞労連は昨年、結成五〇周年を迎えたのですが、戦後五〇年一貫して「平和と民主主義を守る運動」

を大きな柱にして取り組んできました。平和と民主主義を守るということは、健全なジャーナリズムが社会のなかで機能していることが大前提になります。ところが80年代の後半くらいから、日本の社会でのジャーナリズムの役割を疑問視する声が次第に大きくなってきました。そこで私たちは、この一〇年、ジャーナリズム機能を強化するとはどういうことか、ジャーナリズムの果たすべき役割とは何かということを自らに問いかけ、新聞労連を中心にジャーナリスト・トレーニング・センターを立ち上げました。財政的な問題もあってまだまだ不十分ですが、一年に一回、全国の労働組合から新聞記者を集めて二泊三日の研修をしたりしています。

メディアをめぐるいまの状況については非常に危機的にとらえています。新聞労連としては、この3月に結論が出る新聞の再販制度を守るたたかいとメディア規制に反対していくたたかいを、春闘の大きな柱にしています。が、メディア規制の問題を一人ひとりの新聞記者がどこまで自分の問題として捉えているかとなると、心もとないのも事実です。非常に危機感をもってこれと取り組んでいる記者もいますが、まるで他人事のように考えている記者もいるのが現実です。その温度差は相当あると思います。

先ほどの桂さんの問題提起に、言論・表現の自由とも深くかかわりのあるガイドライン法や国旗・国歌法、盗聴法といった悪法が次々と成立していった「1999年の夏」という指摘がありましたが、私も日本はここで大きな曲がり角を曲ったのではないかと思っています。それだけに、このときメディアはいったいどういう動きをし、この問題にどう取り組んだのか、きちんと知らせるべきことを市民・読者に知らせてきたのかということを、もういちど振り返って真剣に考えてみる必要があるのではないかと思っています。

メディアも加担した「強力効果論」の自業自得

宮台　私は社会学をやっていまして、政治権力、宗教、性、サブカルチャー、消費と、いろんな領域について研究している者ですが、政治にからんでは青少年条例にかかわるロビー活動をおこない、国会では児童買春や児童ポルノ法についてのロビー活動、盗聴法をめぐってのさまざまな反対活動をしてきました。そしていま、青少年社会環境対策基本法案の中身を変えてもらうためのロビー活動をやっているところです。私はこうした活動を通じて感じていることを、まず四点くらいお話しします。

90年代の後半になって顕著になってくるメディア規制の動きは、最初は青少年にかかわるような形で出てくるのですが、これは従来型の政治権力の動きとは少し違っていました。その違いはいろいろとあるのですが、ここで申し上げたいのはただ一点です。つまり、少年法の重罰化の問題にしても、青少年社会環境対策基本法のようにメディアの悪影響を規制するための法律にしても、国民の過半数の支持を得ているということです。少年法の改正については六割以上、メディア規制については、世論調査によっては八割以上の支持があるという状態です。したがってこれは、政治権力がその強権をもって嵩にかかってごり押しをしているという観点だけから考えることはできません。そうした観点だけで反対運動をしていると、国民世論を背景にしている政治権力の自信の前に、必ずオール・オア・ナッシングの「オール」で押し切られてしまう性質のものであるということを、よく考えてほしいと思います。

二番目に問題にしたいのは、そのような国民世論の動向も含めて、今回の一連のメディア規制については、メディア側の自業自得という要素が極めて強いことです。そのことを強調しておきたいと思います。そして、三番目、これはメディアだけの問題ではありませんが、反対運動をやる側の運動方法の稚拙さということも強調しておかなければなりません。

まず二番目の「自業自得」ということからいうと、これはメディア研究者の間では常識なのですが、暴力

宮台真司氏

的なメディアが子どもを暴力的にするといういわゆるメディア悪影響論——専門家の間では強力効果論と言われていますが——これは過去七、八〇年間にわたって検証が試みられてきて、ことごとく棄却されてきた、したがって科学的には採用できない仮説です。ところが自民党の青少年社会環境対策基本法案にしても民主党の同様の法案骨子にしても、この悪影響論の図式なのです。昨今の少年犯罪を含めた青少年の〝荒れ〟はメディア環境の悪影響によるものであって、その悪影響から青少年を保護する責任が行政にはある、だからその責任を果たすために法律をつくるのだと、両者の法案にはその目的が記してあります。これほど非科学的な図式はありません。

メディア研究の分野で広く承認されているのは二つの図式です。一つは限定効果論、つまり、もともと暴力的な素質をもつ人間がメディアによって引き金を引かれる可能性があるということです。そしてもう一つは受容文脈論です。引き金を引かれるかどうかも含めて、メディアがどういう影響を果たすかは受容文脈によるというものです。一人で見るのか、友達と見るのか、家族と見るのかによって変わってくる。一人で見ると、没入しやすいので強い影響を受けるが、友だちや家族と一緒に見ていると影響を受けにくい、といったデータが繰り返し得られてきています。

ところでメディアは、こうしたメディア自身の悪影響についてどういう報道をしてきたでしょうか。99年の9月と2000年の7月に、総務庁と郵政省がそれぞれ暴力的なメディアと子どもの暴力性についての関連を示す調査データを発表しました。その報道を見てみると、メディア悪影響論の図式で覆いつくされて、

「暴力的なメディアが、やはり子どもを暴力的にするんですね」というふうに報じていました。これは大学の統計学の一時間目の授業で習う初歩的な事柄を踏まえない、恐るべき誤りです。一般に相関関係はそのように解釈してはいけないのです。確かに、強力効果論の図式でも解釈できますが、同時に代理満足論の図式でも解釈できます。つまり、もともと暴力的な子どもが自らの暴力性を現実に発露するかわりにメディアで代理的に満足していると。すなわちAとBとの間に相関がある場合、AからBという因果性も、BからAという因果性もありうるのです。

ところが、そういう解釈の可能性を全然示さないのです。一〇年前の有害コミック規制のときもそうでした。メディアの多くは、「やはりこういうメディアが子どもたちを性的に危ない存在にするんですね」といった報道を平気でつづけてきたのです。社会学でいうところの帰属処理ないしは切断処理といった作法をただひたすらつづけてきたメディアが、ここにきて、こいつのせいだと考えて胸をなでおろすその帰属処理の相手先として自分自身が選ばれて泡を食っている――それが今日の状況です。したがって私から見ると、そこには「自業自得だ、ざまあ見ろ」と言えるような側面もあるのです（笑い）。

次に、運動の稚拙さの問題ですが、これは盗聴法を含めた一連の法律のロビー活動を通じて私が強く感じていることでもあります。はっきり言って、盗聴法を阻止できなかったのはメディアの責任である、と私は思っています。盗聴法に類する法律は各先進国にあります。ですから、オール・オア・ナッシング的な1か0かの絶対的な方法で論じてもしょうがないのです。どういう最小化措置をとるのか、どういう厳格化要件を課すのかという部分を十分に議論して、法律の文言をちょっと変えるだけで、巨大な利権の移動とリスクの発生、あるいは縮減を生むことができます。そのことをわかりやすく報じるということをメディアはやってきたでしょうか。

99年に、盗聴法の国会審議が始まったなかで、TBSの『ニュース23』が神保哲生さんのアメリカの盗聴法のリポートを放送したことがあります。ところがちょっと説明不足だったために公明党の議員から突っ込まれ、結局TBSが謝罪して訂正放送をするということがありました。この一連の動きを他のメディアはいったいどう報じていたでしょうか。神保さんの説明不足というのは「アメリカには議会への報告義務がある」とだけ言って、日本の法律にも報告義務があることは言わなかったというものですが、与党にとってはむしろそれで助かったのです。

アメリカの場合の報告義務は、一件一件の盗聴の捜査令状についての報告を求めています。一件一件について調査して報告するのです。ところが日本の報告義務のほうは全部で何件の盗聴をやって、そのうち何件が犯罪にかかわる会話であったかを報告すればいいだけです。したがって日本の報告義務に言及するなら直ちにその穴だらけぶりが指摘されることになるわけです。結局、国会はこの穴だらけの条件をつけて盗聴法を通してしまうことになります。

それだけに神保さんの問題が起きたときに、メディアはさらに一歩踏み込んで日米のチェック機能の違いをきちんと報じる責任があったはずです。メディアがそうした責任を果たしてきていれば盗聴法は通過しなかったでしょう。

特に最近は議員立法が多くなっています。官僚たちは無謬主義で動きますが、議員はそうではありません。学問的な原理原則はこうで、こういうリスクがある、だからこういう文言を付加したほうがいいと言えば、多くの人が党派を問わず動くことも可能です。そういう細かな文言を変えていくための活動を、マスコミの方たちはやっておられますか。そうしたことをやらないで「権力の介入、絶対反対」を叫んでいるだけなら、むしろ一連の法律を通すことに加担することになりはしませんか。あるいは反対のアリバイ証明をするだけの活動になっているのではないでしょうか。

実効性のある反対運動をするためには、詳細な情報の公開が必要です。条文のどこにどういう利権があるのかをわかりやすく説明する責務が皆さんにはあるのです。その責務を果たしておられますか。それを果たしていない以上、こういう状況が起こるのは当然のことです。そのことをまず強調しておきたいと思います。

真剣さに欠ける報道被害へのメディアの対応

渡邊　マスメディアの現状をどう考えるかですが、ひとことで言えば報道被害というものをメディア側はきちんと自分で解決してこなかった、その点について真剣さに欠けるものがあったのではないか、というのが私の認識です。そうした背景があって権力側が規制に乗り出してきているのですが、この流れについて私は弁護士という立場でいろいろなものを見てきましたので、その点について若干意見を述べたいと思います。

テレビの影響力がどんどん大きくなるなかで、そのことも一つの原因になっていたと思いますが、93年にテレビ朝日の当時の報道局長の発言が問題になり、国会で証人喚問するということがおこります。これは自分たちに都合の悪い事柄が起きたときには国会に呼んで追及できるんだという、一つの切り札を権力側に与えてしまったという意味で、極めて大きな出来事だったのではないかと思います。実際にそのあと、ＴＢＳのオウム未放映ビデオ問題が起きて、やはり放送界のトップの人たちが何人も国会に招致されて追及を受けるということが起きています。

さらに、98年にテレビ朝日の所沢ダイオキシン報道が問題になると、自民党は「報道と人権等のあり方に関する検討会」を設置して報告書をまとめ、これは明らかに誤報だとしたうえで、こうした報道被害を救済できない放送界の自主的機関ＢＲＯ（放送と人権等権利に関する委員会機構）では実効性がないとして、法律で規制する第三者システムの設置も考えるべきである、ということを打ち出します。これはいま問題になっている国が設置する人権救済機関が「マスメディアによる人権侵害」も対象にしようとしていることと相通じるものです。つまり、このように注意をはらうべき多くの現象が現実に起きているにもかかわらず、メディア界はそれらについてあまり真剣な考察をせず、対応策をとることも怠ってきたのではないか。そういう状況が一方に間違いなくあったと思うのです。

その一方で、個々の事件に見られる報道被害について、市民がメディアを批判的に見るということが現実におこなわれてきたのですが、そのことについての理解もまた、メディア界は足りなかったのではないかと思います。たとえば松本サリン事件。この典型的な冤罪にもメディアは深く加担しました。警察が押収した薬剤ではサリンはつくれないと判断した時点で、なぜ河野さん犯人説を乗り越えられなかったのかということも含めて、メディアが反省を求められる部分はいろいろとありました。

被害者の方たちに対する度を越えたプライバシーの侵害も繰り返されてきました。たとえば筑波の母子殺人事件の妻のプライバシーが問題にされた事件、東京電力ＯＬ殺人事件の被害者のプライバシーが問題になった事件などがそうです。東京電力ＯＬ殺人事件のときなどは、「娘を静かに成仏させてほしい」という悲痛な手紙がお母さんからメディアに送られ、また弁護士の有志がメディアに対して「どういう公共性、公益性のもとでそういう報道をしているのかを回答してください」という公開質問状を出して、ようやく沈静化するという状況でした。一般の市民はそういう経緯を見ているわけで、どうしてその行き過ぎを押さえられないのか、そこまで行けばやはり規制が必要ではないか、という気持ちになってきます。にもかかわらず、そのことへの説明や対処は一切ないのですから、やはりメディアの対応は真剣さに欠けていたと言われても仕方がないのではないでしょうか。

それから神戸の連続児童殺傷事件では、犯人捜し報道ということが一方でおこなわれ、捕まえてみれば14歳の中学生だったということで、その落差の大きさが人々に大きなショックを与えました。そのあとも少年事件がつづき、凶器のバタフライナイフがテレビ等の影響ということで騒がれるといったことがありました。少年による凶悪事件が相次ぐと、当然のことながら一般の市民は心を痛めるわけで、何とかしなければいけないという気持ちになります。いまのメディア規制の動きは、そういう背景事情がいくつも重なって生じていることを忘れてはならないと思います。それだけに、皆さんで知恵を合わせて乗り越えていかなければいけないことだろうと思います。

日弁連の関係でいえば、報道被害救済のための自主的な機関（報道評議会など）をメディアの側でぜひ早くつくるようにという提言をしつづけてきました。それにもかかわらず、具体的な対応もないまま現在に至っています。日弁連が昨年提起した新しい人権救済機関構想で、報道被害の救済もその対象にしようとした背景には、遅々として進まないメディアの対応への弁護士の不満と焦りがあるのは事実です。そのために、私たち報道の自由を重視する立場の弁護士も、弁護士会のなかで難しい議論を引きずりながら努力しているのです。

猪瀬　渡邊さんの最後のところがよくわからないのですが、日弁連が報道被害も人権機関の救済対象にするとしている問題については、渡邊さん自身はどういう考えなのですか。

渡邊　私は、国が設置する強制調査権をもつ人権救済機関からはメディアはできるだけ離しておかなければ、権力チェックができないと思っていますので、人権機関の管轄からはメディアを除外すべきだという立場です。

猪瀬　わかりました。

モザイク乱舞は人権配慮か、事なかれ主義か

田島　猪瀬さんからは、先ほどペンクラブのいろんな活動を紹介していただいたのですが、一人の作家としていまの状況をどう見ておられますか。

猪瀬　話がちょっとズレるかもしれませんが、皆さんの意見を聞いていて、現場っぽくないなと感じました。建前の話になっていると思うからです。皆さん、おっしゃっていることは正しいのです。しかし、それが現場ではなかなかうまくいかない。そこが問題なのです。

報道被害が問題になってるぞ、ということになると、テレビの現場などはすごく敏感ですから、上のほうから「お前ら、報道被害に気をつけろ」と言ってくる。すると、現場はどうするかというと、片っ端からモザイクをかけて顔を隠すんです。それも画面いっぱいにモザイクをかけたりするものだから何が何だかわからない。そういうふうにワーッといくわけです。また、事件現場の家の前にカメラクルーがいっぱいいて、その家の人が外に出ることもできないという話が出てくると、取材もしないで帰ってくるクルーがいるのです。そのほうが怒られないし、楽だからです。

たしかに、家の人が自由に出入りもできないというのは問題です。弱者に対して洪水のようにいくのは絶対にいけないけど、しかし、取材対象が中川元官房長官のような公人であっても、あまりやらないほうが得をするということになっていくとすると問題です。実際に現場では、やらないやつほど出世したりしているのです(笑い)。ですから、なんでもマニュアル化してそれに従う雰囲気が強まっているなかにあって、「報道被害になるからいけませんよ」なんて簡単に言うと、一気にそうなる。そこが困るなと僕は思っているのです。

宮台　そこを補足します。人権とか報道被害ということについて、先進各国の報道機関は非常に敏感です。

しかし、日本のテレビのようにモザイクの乱舞なんてバカなことにはなっていません。たとえばアメリカCBSのニュースには、モザイクなんてほとんどかかっていません。つまりこれは、人権に対する敏感さの問題ではなくて事なかれ主義の問題なのです。モザイクをかけるにしても、かけないにしても、きちんとしたアカウンタビリティ（説明責任）が求められているのですが、日本の場合は、なぜそこにモザイクをかけるのかについての説明ができないのです。ですから、現場レベルでいま進んでいる対応というのは、一見すると人権に対する敏感さに見えますが、実際にはまったく違うと私は思っています。

似たようなことは新聞にもあります。紙面を開くと「激増する少年犯罪に対して政府は……」とか、「凶悪化する少年犯罪に対して国会は……」と書いてありますが、「あなたは何を見て書いているのですか」と私は言いたいのです。少年犯罪は１９６１年をピークにして激減しつづけています。殺人は61年に四四八件だったものが98年には一一七件に、強盗は二四四二件から一五六六件に、強姦は四二二四件から四八〇件へと激減しています。凶悪犯罪だけがここ三年間やや微増に転じていますが、それでも60年代から見れば激減しているのです。しかし、なぜ議員さんたちはこれを「激増している」とか「凶悪化している」と言うのでしょうか。これこそがメディアによるフレームアップの悪影響ではないでしょうか。

かつては地方で少年犯罪が起こって地元の新聞には大きく載っても、全国紙はベタ記事というのが普通でした。ところがいまでは、何が大事で何が大事でないかのプライオリティを欠いた報道合戦のなかで、最終的にどういう事態を招くかということに対する予測を欠いた報道をしておられるのではありませんか。そういう報道を繰り返しているから、少年犯罪は数分の一に激減しているのに、国会議員の多くは「激増する少年犯罪」だの「凶悪化する少年犯罪」だのといった図式を受け入れているのではありませんか。この図式をつくったのはいったい誰ですか。そうした問題が問われているのです。

塚本　いまの指摘は、「放送と青少年に関する委員会」が昨年11月に出した「バラエティ系番組に対する見解」への放送局の対応にもいえると思います。この見解に対して寄せられたメールの九割は「見解への反対意見」だったと伝えられていますが、指摘を受けた放送局は残念ながら二局とも番組を早々と打ち切ってしまいました。市民としては、声高な意見とも向きあって自分の足でもちこたえて、きちんと説明してほしいと思うのですが、いつも裏切られっぱなしです。テレビ朝日の椿発言事件にしてもペルーの日本大使公邸事件にしてもそうです。そのあたりの弱さがいまの状況を招いているのだと思います。

猪瀬　その「市民」というのが僕はわからないのです。「私はこういう仕事をしている者です」「こういうボランティア活動をしている者です」というそれぞれの立場があると見えてくるのですが、「市民がどうの」と言われてもわからない。根拠がないんです。誤解しないでください、塚本さんがダメと言ってるのではないのですよ。要するに、そういう言い方をしているうちは話が抽象的になるのです。畑さんも「平和と民主主義を守る運動」と言われたけど、手垢のついた抽象的な話は、僕はダメだと思います。

わかりやすいのは、NHKと受信料を払っているわれわれの関係です。受信料を払うことで一票もっている気になるんです。だから酔っ払って「何だNHKは」と電話をかける人がいるようですが、そういう電話も含めてNHKには年間五〇〇万件を超える視聴者からの電話がかかってきます。それに対して民放は一〇万件にもなりません。なぜか。民放のお客さんは広告主だからです。もちろん本当は視聴者にも文句をいう権利はあるのですが、テレビ局から見れば「マス」でしかないのです。10%、20%といった数字で示されるマスであって、とりあえずは、個人はどうでもいいのです。それだけに、どういう根拠でどんな文句を言うのかをはっきりさせないとダメだと思います。

もちろん、BRCに訴えるというのもあるでしょう。スポンサーに対する不買運動というのもあるし、もっとこういう番組を放送してほしいと要求する方法もある。それぞれが根拠をはっきりさせて行動を起こせば、問題は具体的でわかりやすくなるのです。「平和と民主主義」という抽象論ではダメなのです。この何十年というもの、その抽象性がメディアを無批判な状態に置き、メディア自身が研ぎ澄まされてこなかった原因になっていると思います。

「問題は国家権力だ」と言うけれども、それだって単純なものではない。自民党だけが問題なのではなくて、民主党も公明党も共産党も問題です。だからこそ、政治とメディアの緊張した関係とは何なのかということを考えていかなければ、話は始まらないと思っています。

政府も国会もメディアも、問われているのは透明性

田島　いまいろいろと出された意見というのは、メディアを規制することにはもちろん多くの問題があるけれども、それを論じる前提のところにもいっぱい問題があるということです。要するに、ジャーナリズムとしての主体性が問われている、規制を問題にする側の主体性も問われているわけですが、その点について、最初に問題を提起された桂さんはどんな意見をおもちですか。

桂　出された問題は非常に重要だと思いますが、猪瀬さんと宮台さんに対しては若干の異論もあるし、批判もあります。まず「現場の人間がいない」という指摘ですが、私自身は現場にいると思っています。これはメディア研究者としてであり、学生に対する教育という面でもメディアの問題を抜きにしては語れない問題がたくさんありますから、私は現場にいるつもりです。それから現代では、市民というのも、私は一つの現場だと思います。そういう観点がこれから重要になってくると思います。

メディアの現場性についていえば、猪瀬さんがモザイクの例を指摘されたとおり、ステレオタイプの横行

が気になります。あれは人権への配慮というより、人権問題のリスクを避けているだけです。宮台さんが強力効果論で批判した例も、典型的なステレオタイプ化した議論の例です。

いまの少年犯罪を考えるなら、少数の事件であれ、それまで普通では考えられないような異常な犯罪が起きている事実の背景や意味を、メディアはもっと説明できなければいけないと思います。それから、いまこそ新しい形での親の子殺し、子どもの虐待に目を向けるべきだし、大人が子どもを育てる能力を欠く傾向を強めていることにもっと注目すべきです。そのような観点もないという点で、宮台さんの批判は当たっていると思います。これらの問題は現代社会をどう捉え、どう考えるかという重い問題であり、ジャーナリストはそういう議論ができなければいけない。そのような力がないから、渡邊さんがおっしゃるように、報道被害に対して鈍感であったり、拡がるメディア不信に無関心でいられるのだと思います。そして、そのことがまたメディア不信を増幅させているのです。

そういう状況のなかで、塚本さんのような立場からの批判は大いにやられるべきだと思います。なかには戦前戦中の国民団体とどう違うのだと疑問に思う市民運動も見られますが、着実に市民運動が成長してきているのも事実です。アメリカでメディアの問題に取り組んでいる市民団体にＦＡＩＲ(フェアネス・アンド・アキュラシー・イン・リポーティング）というのがあります。これはたんなるメディア批判の団体ではありません。メディアがいいことをすれば褒めもするし、欠けていることがあればもっとこうやったほうがいいという助言もします。それから、テレビではペーパー・タイガー・テレビジョンというのがあります。これなどは、メディアと市民とが共同でメディアをよくしていくための一つの大きな現場になっています。そういう動きが日本には少なすぎるだけの話です。塚本さんたちの活動は、日本でもそうした新しい市民的な現場ができつつあることを示しています。

また、名古屋では、藤前干潟の埋め立てを止めさせた市民グループ、メディア・アクティビストたちが愛知万博の会場問題に取り組み、ネットワークをつくってメディアに呼びかけながら、自分たちの集まりがあるとそれを取材させるような運動をしながら、着実に力関係を変えていき、自然を守る方向で会場の変更を実現しました。そういう活動はまだ少ないかもしれませんが、市民という現場ができていることについては軽視すべきではないと思います。いや、むしろ戦前、戦後の体制順応主義的な運動とは違った非常に自覚的な運動が起こりつつあるという意味で、重く見ていくべきだと思います。

猪瀬 桂さんの意見に反対ではないのです。市民という言葉をいくつかの言葉に因数分解してみてはどうかと提案しているのです。なんとかの市民の会といっても、何人いるかさっぱりわからないわけで……。

宮台 猪瀬さんの指摘を私なりに言い換えると、紋切り型の活動のなかで、誰が責任を負っているのかといった透明さが見失われることがあるという問題です。先ほど挙げたアメリカの盗聴法による議会報告義務と日本のそれとはどこが違うかという例でいえば、トランスペアレンシー（透明性）が違うのです。一件一件の令状についてのデータを報告しなければいけないというアメリカの盗聴法の再評価措置であれば、もし一〇〇件盗聴して一件も怪しい盗聴がなかった場合には、令状を出した裁判官の責任が追及される仕組みになっています。ところが日本の場合は、令状を出した裁判官の名前は出ないようになっているのです。つまり、市民という概念が意味をもつためには、あらゆるコミュニケーションについて、誰がどういう責任で、どういう立場で発しているのかがよくわかるような、そういうトランスペアレンシーが存在することが必要です。それが市民社会であるということだと思うのです。しかし、日本の場合、残念ながらそうなっていなくて、制度が向こう側に身を隠せるように機能しているという問題があります。

これは国会だけではありません。記者クラブ制度もそうなっているのではありませんか。たとえば、アメリカでFBIが記者会見をやるときはオープン・ツー・オールです。名札を付けた捜査官が出てきて、フリップを出して状況を説明し、こういう見解をもっているということを言います。それに対して日本では、記者クラブという特権で守られた連中が捜査一課長に張り付いて、彼の独り言を書き散らしているのです。官報ならまだアカウンタビリティもリスポンシビリティもあるけれども、ここにはそれもないのです。「と、警察では見ています」。「いったい誰が見てるんだよ、こら」という問題ですよ（笑い）。そういうことを平気で書いているメディアが、果たして市民という概念をもっているのでしょうか。

桂　その点は私もまったく同感です。今までのメディアに市民という概念はなかったと思います。顧客としての、あるいは買わせる相手としての読者とか視聴者しかなかったということです。ところが、それではすまなくなった現状があります。当初は塚本さんたちが名乗りをあげることすらたいへんだったと思いますが、ようやくその存在を目に入れざるを得なくなったのです。それがいまのメディアの立場だと思います。

現場の記者はとんがっているか

田島　メディアの現状に対するかなり根本的な批判が相次いで出されていますが、畑さんはその点についていかがですか。

畑　指摘されているジャーナリズムの問題点はそのとおりだと思いますので、弁護のしようがありません。猪瀬さんの話を引き継いで言うと、やはり記者一人ひとりがどういう自覚をもって現場で取材していくのかというところに立ち返る必要があると思います。これはジャーナリスト・トレーニングの問題とも、報道被害の問題とも密接にかかわってくる問題ですが、記者の取材能力が低下しているのではないかということがいま大きな問題になってきています。新聞経営者の間でもそういう危機意識がやっと出てきました。原因ははっきりわかりませんが、突っ込んだ取材ができているのか、相手から本音を聞きだすような取材ができているのか、表面的な事象だけでなく掘り下げた取材ができているのか、といったことが改めて問われているのです。そこには、記者クラブに寄りかかって取材してきたツケがいよいよ回ってきていると思わざるを得ない点もあります。では具体的にどうしていったらいいのかということになるのですが、その答えがなかなか見出せていません。

猪瀬　最近の朝日新聞でいちばんいいのは、あの「アタマを使え、アタマ」というコマーシャルだよね（笑い）。

田島　まだ話の途中でしょ？　どうぞ。

畑　衆氏

畑　強化の具体的な道筋が見えてこないのがしんどいところですが、やはりいちばんの問題は、昨日まで大学生だった人間がいきなりきょうから○○新聞記者という名刺をもって取材できるところにあるように思います。私は去年の3月まで仙台支局でデスクをやっていて、若い記者たちと毎日顔を突き合わせて仕事をしてきましたが、入社して一〇日前後の研修が終わった翌日から名刺をもって取材を始めるのです。しかし、ジャーナリストというのは、いつの時点かで自立する日付があるのであって、入社試験をパスしたからジャーナリストであるというものではないと、個人的には思っています。それだけに、記者としての在り方、さらに企業体としてのメディアの根本問題が問われているのかなと思います。

田島　そういうメディアの現場の実態も含めて、このままではジャーナリズムは変わらないのではないかという思いが人々の間にはあるわけですが……。

宮台　つまり、メディア規制に国民の七割、八割が賛成する状況の背後には、深刻なメディア不信があるのです。このメディア不信を克服しないと、メディアを規制しようとするどんな悪法も簡単に通る状況がつづきます。たとえ今回は切り抜けることができたとしても、メディア不信がつづく限りは似たようなタイプの悪法が通る可能性があるわけで、それを抑止する責任が皆さんにないのかということです。

猪瀬　もう少し言うと、メディアになっているのか、という思いがある。畑さんは謙虚すぎるんで、もっととんがってないとダメです。これは個人攻撃をしているのではないので誤解しないでほしいのですが、メディアというのは普通の市民社会の市民の雰囲気ではダメです。メディアというのは、司法、立法、行政の三権に対して第四の権力といわれていますが、その権力が組織としての権力なのか、それともとんがった人間たちの集合体なのか、そこが大事なのです。先ほど「報道被害、やったらいかんぞ」と上から言われると、現場の意識は一気にそちらに走って、すぐ「すみません」という例を出したのはそのことなんです。塚本さんのような人に「すみません」と言うのはいいけど、誰に対しても簡単に「すみません」と言う。そこが気になるのです。

ひ弱でとり込まれるメディアでなく

田島　塚本さん、渡邊さんはいかがですか。

塚本　市民っていったい何だということですが、市民にもいろいろあるし、メディアもいろいろあると思います。私たちが見ていていちばん気になるのはメディアの上層部の人たちです。たとえば、政府の審議会とか委員会にこぞって参加しています。そのことがなぜ疑問に思えるかというと、結局はそこで出した結論には、メンバーの一人として共同責任を負うことになるからです。そうなれば批判できるはずがありません。そういうところで政府にとり込まれている様子が、私たちにはありありと見えてしまうのです。これは現場の記者たちがどんなに頑張っても、どうにもならないところです。

市民もいろいろです。日本PTA全国協議会のようにごく少数の意見を声高に言って文部省などに利用される人たちもいます。PTAは「子どもに見せたくない番組」とか「即刻中止すべき番組」などを熱心に調べていますが、そんな暇があったら「即刻中止すべき校則」でも調べたほうがよほどいいのではないでしょうか。この場合、自覚的な「個」として市民をとらえるなら、自分たちの権利としてメディアを考えていこうとする人たち、と言えるでしょう。

渡邊 自主的に自律して判断できる人が市民だと思います。メディアは人々にそうした判断を促す役割も負っていると思います。しかし、メディアがジャーナリストとして育っていないところにより大きな問題があります。われわれがよく「報道被害」ということを言うために、メディア側は萎縮してしまうという批判があります。しかし、そんな批判でひ弱になるようなことでは全く困るのです。メディアはまさに自分の足で立ち、自分の頭で考えて何がいま必要なのかをきちっと見通した上で、人々が自分たちの判断に必要な情報を十分出してもらう必要があります。そのためには、ジャーナリストとしての自覚、それに向けての努力をしていただかなければならないのは当然です。

会社という組織のなかにいると、なかなかそれができにくい現実があるかと思います。しかし、先輩なり組合の人たちの力を借りながら、これまでの実践的な経験を踏まえ、若い人たちも含めてジャーナリストとして育て上げていくことがまず大前提としてなければ、非常に困ります。特に権力側に不正があったり、やるべきことをおろそかにしているときには、それを暴いて人々の権利を守る勇気を育ててほしい。それと同時に、報道被害と向きあうことは市民の信頼をつなぎとめ、権力とたたかうときの唯一の支えであるというもう一方の大事な問題を理解して、ぜひ報道被害救済の問題に正面から取り組んでほしいと思います。

田島 ちょっと私の予測しない方向に議論が行って、面白くてもっとつづけたいところなのですが、ここで前半の討論を打ち切って休憩にします。

メディア規制の何が問題か

田島 それでは、メディア規制の何が問題かという議論に入ります。桂さんの問題提起にもあったように、規制といっても実に多様な問題が提起されていますので、ここでは個々の規制の細かい問題に立ち入って議論するというよりも、規制の本質に焦点を当てて、その問題点を浮き彫りにする作業ができればと思います。もちろん規制の問題というのは、いまのジャーナリズムなりメディアが抱えている問題の投影でもあるのですから、それに関するメディアの問題に触れていただいても結構です。メディア規制のここが問題だという点を重点的に指摘してください。

分断されるメディア

宮台 ローマ帝国のカエサル以来「デバイド・アンド・ルール（分断統治）」というやり方が技術的に使われていることに注目してほしいのです。個人情報保護法では放送、新聞、通信社とそうでないものとを分断していています。青少年社会環境対策基本法については、民放連は自分たちの問題だということで鋭く反応していますが、新聞協会のほうは反論もしていません。もっとさかのぼれば、一〇年前の有害コミック規制のときは、「あれはエロメディアの問題だろう」ということでテレビもその他のメディアも反応しなかったのです。

そのように統治する側は、利害を分断する形で被治者が一体となって抵抗してくる可能性を抑止し、統治可能性を確保するのです。議員立法で法律をつくる場合でも法制局の役人が作文をしますから、おそらく役人はそういう意識で作文をしていると思われます。それだけに、この分断のスキームに乗らないことが非常に重要なのです。

ところが日本の場合は、「俺らは関係ない」と言っているうちに次々と分断されて、気がついてみるとすべてが統治され管理されているという状態になっているのです。過去の実績を見るとそうなりつづけてきているので、その点には特に注意していただきたいと思います。

問題すりかえる公権力

桂　私は「三点セット」のいずれもが非常に問題だと思っていますので、それぞれのここが問題という点を改めて指摘しておきたいと思います。まず個人情報保護法の問題ですが、報道機関に対して義務規定だけを適用除外にするというのではなくて、表現活動に対しては基本原則も適用除外にする、すなわち「この法律の対象外とする」ことが絶対に必要だと思います。これはヨーロッパでは当然のことであって、ＥＵの「個人情報保護指令」の第九条（データ処理と表現の自由）には、報道、文学、芸術分野は除外するということが明記されています。基本的にＥＵ指令の枠外とするということです。日本の法律案にそういう観点がないことが問題なのですから、その視点を回復させる必要があります。

ところがメディアは、これを業界のなかの危機としてしか捉えていません。この業界が危なくなるということは、市民社会で果たすべき自分の役割が危なくなることなのですから、それはとりも直さず市民社会の危機なのです。そういう市民的な観点をもち直すべきです。市民的観点から見れば、個人情報保護法のいちばん大事な点は「自己情報コントロール権」です。どんな市民でも政府が保有する自分に関する情報については、全部開示させることができ、訂正を求めることができる——これがあって初めて本当の市民社会なのです。そういう市民の権利が明確になれば、法律に反する政府の個人情報の保有、運用については、それを暴こうとする市民と一緒になってメディアが取材することも可能になります。実際にアメリカのプライバシー法ではそれが可能です。個人情報保護法とはそういう市民社会の問題なのだというセンスを、まずメディアがもたなければおかしい。

白熱のパネル・ディスカッション

人権救済機関の問題は冒頭で述べたように、国連規約人権委員会が日本政府に対しておこなった勧告の大半は「公権力による人権侵害」の救済です。それは死刑制度とか、起訴前の拘留制度とか、代用監獄制度、自白主義による警察の取り調べ、被疑者に対する接見の禁止、受刑施設内の非人道的行為等々であるのですが、メディアはこれとどこまでたたかってきたでしょうか。たたかってきてはいません。だからメディアの落ち度をあげつらう動きが出てきてもたたかえなくて、メディアがそこに含まれていくのです。

青少年有害情報規制の問題もそうです。性表現が過剰だから法的に規制されるのはあたりまえだという声がメディアのなかから起こるようでは話にも何もなりません。テレビだって深夜にセクシャリティを真面目にとりあげる番組があっていいじゃないですか。子どもに有害だといいますが、深夜12時過ぎまで子どもにテレビを見せている家庭がおかしいのです。テレビもそのことをはっきりと言うべきです。

アメリカでは96年連邦通信法ができて、同時に通信品位法ができました。通信品位法はインターネットや衛星放送による性表現、暴力表現なども視野に入れてつくられたのですが、事業者は憲法修正第一条（表現の自由）に違反するとして連邦裁判所に訴えました。市民の側でも表現の自由との関係で、この法律を問題にする動きがちゃんとありました。そのために連邦地裁も結局、通信品位法の発動を止めているのです。メディアが社会でどんな役割を果たすべきなのかについては、日本でも市民ときちんと対話する姿勢が必要だと思います。

憲法21条と放送法の原点とは

猪瀬　先ほど宮台さんが、「盗聴法反対」と言ってるだけではダメだという話をしましたが、僕もそれに賛成です。当時、自民党を含めた与党が圧倒的に多いなかで、通信傍受法が確実に通る見通しがありました。もちろんこの法律には私も反対ですが、通ることが確実な以上、どうするかを考えないわけにはいきません。そこで僕が考えたのは、運用で勝負しようということです。日本の法律というのは運用で決まりますから、日本ペンクラブの言論表現委員会に提起して、報道機関あるいは作家、評論家、フリージャーナリストは通信傍受の対象から除外せよということを法務省の刑事局長とやりあって、適用除外運用を文書でもらいました。そこが大事なのです。これは最高裁の判例以上の力をもちます。

そのへんで反対集会をやって、テレビで騒いだ評論家はいっぱいいますが、通ってしまえばケロッと忘れるパターンが多いのです。これではダメです。何を勝ちとるかなのです。

そのときにもう一つ非常に残念だったのは、そのことを新聞もテレビも一行も報じてくれなかったことです。刑事局長のハンコももらっている文書です。ペンクラブのホームページに全部出しています。それでも一行も報じてくれないのです。これは自分たちの問題でもあるのではないでしょうか。今回の問題も「反対、反対」と叫んで、それで終わるのであれば何の意味もありません。

ペンクラブは今回の一連の問題でも、考え方の基本のようなものをつくって報道機関に配っています、それが使命ですから。で、青少年社会環境対策基本法については、この1月に名だたるキャスター六人が並んで、「これに反対しましょう」という記者発表をしました。各局ともストレートニュースで数分それを伝えてはいました。しかし、それっきりです。テレビは自分たちの問題なのですから、名だたるキャスターたちは自分の番組のなかで一五分でも二〇分でもとってくれと、なぜディレクターやプロデューサーに掛け合わないのでしょうか。いや、言ったけどつぶされたのかもしれませんが、それなら外でしゃべるとか、何となく聞こえるように伝えればいいのです。

結局、民放は民放連として固まってやりました。みんなで渡れば怖くないということです。僕が12月のある土曜日に、フジテレビの『ウオッチャ』(10時~11時30分)という番組で、人権救済機関をつくれという弁護士と僕とで三〇分のディベートをやりました。僕などは週一回にすぎませんが、毎日出ているキャスターもいるのですから時間をとってきちんと自分たちでやればいいのです。

その青少年社会環境対策基本法に反対した六人のキャスターの一人である田原総一朗が『朝まで生テレビ』

でやろうと言ってくれたので、一連のメディア規制問題をそこでやりました。僕はこの問題を考えるとき、まずメディアの役割とは何なのかということをはっきりさせてメディア規制の問題を考えることが大事だと思っています。そうすれば規制をはね返すこともできるのです。

ということで、『朝まで生テレビ』のときに僕が頼んでつくってもらったフリップをもち帰りましたので、皆さんにそれをお見せして説明します。

憲法第二一条には、「言論、出版その他一切の表現の自由は、これを保障する」と書いてあります。これはわれわれの権利ですが、英文では「言論の自由」は「フリーダム・オブ・スピーチ」となっていて、「出版の自由」は「フリーダム・オブ・プレス」となっています。そして、この憲法が制定されて間もない頃に伊藤整が訳した『チャタレイ夫人の恋人』という本のセックス描写が問題になって裁判となり、出版の自由という言葉が完全に定着してしまいます。しかしプレスの自由は狭い意味での出版の自由ではありません。報道の自由、取材の自由と訳したほうがよかったのです。なぜなら憲法二一条にはまた、「言論およびプレスの自由はこれを保障する。この自由には公務員、公の機関もしくは公の行為を批判する権利が含まれる」とのアルフレッド・ハッシー中佐の覚書がありました。要するにわれわれはタックスペイヤー（納税者）として、どのようなプロセスを経て国としての意思決定がおこなわれ、税金がどのように使われているかを知る権利をもっているわけで、その権利の代行者としてメディアが皆さんに代わって権力にアクセスする――そこにメディアの社会的役割があるということです。

もう一つ、放送法というのがあります。その第一条（目的）には「放送の不偏不党、真実及び自律を保障することによって、放送による表現の自由を確保すること」とあります。大事なのは「不偏不党」の意味です。かなりの放送関係者がこれを「中立」というふうに理解しますが、これはそうではなくて、いかなる権力の干渉にあっても真実を貫けという意味です。昭和23年（１９４８年）の原案（英文）をみるともっとわかりやすいのですが、そこには「放送を自由な表現の場として、その不偏不党、真実及び自律を保障することにある」となっています。つまり、放送法は「放送を自由な表現の場」とするために「不偏不党、真実及び自律を保障」しているのであって、放送局を取り締まる法律ではなく、放送に携わる者の権利を保障した法律であるということです。放送関係者は憲法二一条とこの放送法に守られて仕事をしている――その認識がまずあるのかどうかです。

要するに、われわれは積極的な意味で放送法をもっているのですから、本来は何も怖がることはないのです。しかし、それを規制しようとする動きが出てきても、そのことを問題にする番組の企画はやろうとしません。分断という話が出ましたが、テレビも雑誌とは一緒にしてほしくないといって距離を置こうとする。つまり、扇の要は言論、表現の自由であって、新聞も出版もそれはゆるがせには絶対にできないのに、みごとに分断されてしまっているのです。

言論の自由というのは、戦前だって限定されながらもあったのです。ヘアが見えたら墨を塗るのと一緒で「マルクス」と書いたら「×××」と記号的に反応していました。もちろん出版禁止というのもありましたが、ちょっとだけ直して「出版禁止本」と広告を打って出すといったこともやっています。戦後も規制の動きはいろいろとあったわけで、規制がくるとそれとたたかってはねのける、またくるとはねのけるというたたかいを繰り返すなか、言論表現の自由を維持してきたのです。そこが大事なのです。

では、いまなぜ言論、表現の自由のたたかいが貫けないのか。日本のジャーナリズムが組織ジャーナリズムで、年功序列終身雇用型でやってきたからです。そこの問題を考えないと、「反対、反対」とセレモニー的な反対運動をやって終わりということになるだけです。その基本的な認識を共有できるかどうかが問題だと思います。

「公平」「有害」政府が判断していいのか

塚本　放送法の話が出ましたが、この法律の解釈をめぐって私たちは郵政省と十数回にわたって話し合いをおこないました。「放送内容になぜ行政が介入するのか」と聞くと、行政側は「公正でないから」とか「真実でないから」と言うのですが、何が公正かについては、それこそ人の数だけの「公正」があるのではないでしょうか。それぞれの公正、真実の追求を保障する――それが行政の役割ではないかと思います。

猪瀬さんはメディアのなかに危機意識がない、という指摘をされたわけですが、私たち市民にもあまりないように思います。青少年社会環境対策基本法についても、「性と暴力の問題だからいいんじゃないの」と言う人は多いのです。CSのニュースを見ていましたら、この問題で民放連が参議院の自民党に申し入れをしているニュースに出くわしたことがあります。そのとき、民放連側が「有害だと判断する基準は何か」と聞いたのに対し、「そんなものは自ずと社会通念で決まる」と自民党側が答えているのを見て、私は本当にびっくりしました。社会通念ってそんなにいいものでしょうか。あとで原寿雄さんが「戦時中の社会通念を考えてみれば、よくわかることだ」とおっしゃったと聞いて、本当にそのとおりだと思いました。しかし、そのことを友だちに話すと、「だって時代が違うでしょう」と言うのです。果たしてそうでしょうか。社会通念というのは、その時代、時代でつくられていくわけで、それが正しいと

塚本みゆき氏

は限らないということなのです。

たとえば戦争責任の問題ひとつとってみても、いまの日本で社会通念のように広がっている考え方は、国際的にはとても通用しないように思います。歴史を直視し、事実に向きあおうとする考え方に対して、「自虐的である」とか「青少年に誇りをもたせない」といった非難が加えられていますが、こうした非難が青少年対策を理由とした性表現や暴力表現と結びついたとき、たとえば従軍慰安婦の性の問題や旧日本軍による残虐行為の問題はどうなるのでしょうか。これは表現の問題にとどまらず、思想や良心にまで規制が及ぶことになるでしょう。だから「性と暴力の問題だからいい」とは言えないと思うのです。

青少年社会環境対策基本法案が非常に危ないと思うもうひとつの理由は、内閣総理大臣とか都道府県知事が「何が有害か」の判断者になるという点です。これは言論、表現活動への権力介入を制度化するという意味で非常に問題です。言論、表現の自由というのは、権力がこれに介入することがあってはならないものです。それだけに、これが制度化されると、これまで不当だったことが一転して正当になるわけで、さらには権力が介入すべきだということになる。これは社会を大きく変えていくだろう思います。

この法案の気になるもう一つの点は、青少年社会環境対策センターという運動体をつくって国民運動を展開する仕組みになっていることです。国旗・国歌法が成立して数ヵ月後に、たしか北海道だったと思いますが、各家庭と企業に日の丸を掲揚するようにとの通知を出したという話が新聞にとり上げられていましたが、この青少年社会環境対策基本法案はまさに家庭、地域、職場をひっくるめた国民運動をやろうという法案です。もし従軍慰安婦の性の問題が中央で青少年に有害だとなると、それがＰＴＡや自治会で取り組まれることになります。そうなれば生活に密着したレベルだけに異を唱えにくい。心のなかでは違うと思っても、巻き込まれていくことになっていくと思います。精神的な領域での国民運動が怖いのは、まさにその部分です。

加担しないと非難され、せっせと旗を振る人は表彰される。どうしてもそこで逆らえない。その構造が権力側にとっては都合がいいのではないでしょうか。こういうのこそ全体主義に通じる最短の道ではないかと私などは思うものですから、この展開はとても気になります。

猪瀬　最初の話ですが、放送行政局長と何をめぐってもめたのですか。

塚本　放送行政局長ではなくて、放送行政局とテレビ朝日の椿発言事件をめぐって話し合いをしたのです。公正ではない放送をしたということで行政が介入したので、それはおかしいのではないかということで話し合いをしたのです。

猪瀬　行政はどう介入しましたか。テレビ朝日が勝手に国会の証人喚問に出ていったんでしょ。

塚本　それはそうですが、再免許の直前でもありましたから……。

猪瀬　免許は関係ありません、放送行政局は。

田島　しかし、行政指導という形で……。

猪瀬　それは拒否できるわけです。

田島　拒否できるけれども、しかし免許権を背景にして行政指導をされれば……。

猪瀬　免許権は奪えません。

田島　奪えないけど、実際にいろいろな条件をつけたりしたわけですから。

猪瀬　もちろんいじわるはします。しかし、はねのけることは全く可能なのですから、なんで萎縮するのか。そこが問題だと思います。要するに、放送法で放送局を取り締まってはいないのです。それなのにテレビ朝日が人質を出したところが問題なのです。

塚本　取り締まれないはずなのに、実際には指導をし、処分をし、免許に条件を付けたりもしたわけです。

それから、放送内容について郵政省が指導監督できるという答弁も国会でしています。

猪瀬 公平規定でしょ？ それは裁判で争えばいいじゃないですか。

桂 当時の江川放送行政局長が「何が公正、公平であるかは私が判断する」と国会で言ったんですよ。有権解釈でそれは可能だと。

猪瀬 それは言っただけの話であって、法律的には……。

桂 言っただけでもたいへんな問題です。

猪瀬 いや、それは関係ないよ。争えばそれは勝つんだから、何も怖くない。

宮台 猪瀬さん、日本の官僚というのは行政指導で現に非常に大きな影響力を行使しているんですよ。だから行政指導による権力行使という裏付けがあると、不法ないじめだなと思っても、行政的裁量による不利益をおそれてびびるんです。たしかに裁判は起こせますよ。しかし、実際に停波になったらそれだけで莫大な損失が生まれるわけで、びびるのは仕方がない現実的利害があるのです。

猪瀬 一般的にそういわれているのはわかるけど、はっきり言って放送行政局長のその発言は、法律的には何の根拠もないのですよ。テレビ局の自主規制は困ったものだな、と思っているんです。

宮台 あなたはさっき、法的拘束力のない局長答弁をひきだす活動をしたと自慢していたじゃありませんか。言ってることが矛盾してますよ。たとえば、政教分離を定めた憲法二〇条に創価学会が違反しているのではないかということが以前、国会で問題になったときに、やはり法務省の法制局長が「これは憲法違反ではない」という答弁をしたことが現在に至るまでずっと通ってきているのです。それと同じです。それを踏まえて、私もいまのロビー活動のなかでは「法文に書けないのであれば、局長答弁でアリバイをつくってくれ」とやります。それが日本のやり方なのです。しかし、こんなやり方は他の先進国では全く通用しない話だということを忘れてはならない。そもそもそういうシステムでいいのかという問題提起をするべきなのです。

これは透明性の低い日本のコミュニケーション全般にもかかわってくる問題です。たとえば、最近の新聞記者がとんがることができていないのは、記者クラブ制度にもその原因があるのではないかと畑さんはおっしゃいました。そのとおりだと私も思うけれども、それだけでしょうか。以前から記者クラブ制度があったなかで、たとえば、松川事件等々の時にはちゃんとした調査報道をやっていました。そして、その背景には冷戦体制があって、組合運動があって、左と右の対立があった。そういうモチベーション、動機づけがあったのです。でも冷戦体制が終わったいま、そういうモチベーションがないところで記者クラブ制度だけが温存され、そのことによる動機付けのスポイルという問題が起きているのです。皆さん、本当にこの問題を真剣に考えたほうがよろしいのですよ。大学を出たばかりの人が朝日新聞の肩書きで仕事ができるとおっしゃった。それこそがおかしいのです。個人ではなく企業体が大きな意味をもっている社会でなければ、記者クラブはとても成り立たない制度だからです。

田島　記者クラブの問題は、実は質問も出ているので後でやります。塚本さんの発言が途中で切れてしまいましたが。

塚本　私は国の主導で行われる国民運動というのがすごく怖いということを、メディアの人だけでなく、私たちも認識しなければいけないのではないかということを言いたかったのです。

脅かされる「取材源の秘匿」

田島　では次に畑さんに発言していただきますが、若干質問がきていますので、それにも触れながらお話していただけたらと思います。個人情報保護法の義務規定適用除外の対象に出版社が明記されていないのですが、ある意味で出版というのは、メインストリームのメディアが問題にしないような問題をとり扱ってゲリラ的に公権力とたたかっている報道機関ではないか、それが適用除外の対象から外されていることについて、新聞の観点から畑さんの意見をお聞きしたいということです。

畑　出版を報道機関に含めるかどうかについても、あるいはこの法案が出版を狙い撃ちにしたものかどうかという意図についても、解釈が分かれるところで、私にはよくわかりません。が、この法律のいちばんの問題は、報道の自由、表現の自由を直接取り締まる法律ではないにもかかわらず、結果としてこの法律を越えた規制が広がっていくおそれが非常に高いことです。その点をもう少し具体的に言います。取材・報道活動にも基本原則が適用されることは先ほど指摘されたとおりですが、ここには「個人情報は、適法かつ適正な方法で取得されなければいけない」（第五条）とか、「個人情報の取扱いに当たっては、本人が適切に関与し得るように配慮されなければならない」（第八条）といった原則が書かれています。

もしこうした基本原則が報道機関の取材活動で適用されたらどうなるでしょうか。取材される側がこれを使って取材を拒否したり、いろいろなことを取材する側に要求してくることが考えられます。たとえば、ある事件にAさんが関与していることがわかって本人に取材しようとしたところ、「どうして私がその事件に関わっていることを知ったのですか。それは適法かつ適正な方法で取得した情報ですか。基本原則にしたがって私にはその情報が正確なものか確認する権利がありますよね」と言われたら、とても取材などできません。ほとんどの新聞記者はそこで取材をストップしてしまうでしょう。なぜなら、情報を入手した相手を明らかにしないという「取材源の秘匿」が根底から崩壊しかねないからです。で、記者が「それはちょっと言えません」というと、「じゃあ私もそれについてはお答えできません」となる。取材はたぶんそこで止まってしまうと思います。

また、われわれは警察とか行政の官僚、政治家といった人たちを取材の相手にしています。彼らには当然、公務員の守秘義務があるのですが、われわれは常にその壁を乗り越えて取材をしているのです。しゃべれない人、しゃべりたくない人の口を割らせて、そこから情報を得て報道する。取材・報道活動というのは、常にそうした規制とのたたかいです。

それだけに、どんなに規制が厳しくなっても、それを乗り越えていく以外に取材・報道活動をつづけることはできません。それが記者の使命であるはずです。だからいま、萎縮せずに乗り越えていけるのかどうか、そのことが試されているともいえます。

なぜ日本だけがメディアを国家機関に組み込むか

田島　渡邊さんにも質問が届いています。報道を規制するという点では問題があるとしても、人権侵害を救済する機関は必要なのではないか。その点、日弁連、あるいは弁護士としていま提起されている人権救済機関にはどういう問題があると思いますか、という質問です。その点にも触れながらお願いします。

渡邊　従来の流れからすると、日弁連はいまいろいろな批判を受ける立場に立たされています。日弁連は1987年に人権擁護大会を開き、「人権と報道に関する宣言」を初めて打ち出します。これは従来強かったメディアとの対決姿勢から、ある程度対話をつづける姿勢への転換を目指したもので、匿名報道の拡大も含めながら報道被害をできるだけ減少させていこうという立場をとったものでした。そのとき具体的な提言として、一つは「社内オンブズマン」を各社に置くべきであるということを言いました。これは社内に編集権から独立した組織をつくり、報道被害者からの苦情を受けつけて被害者の目線で検討し、検証や勧告をするシステムです。そして、それに対してさらに不満があったり、そうした処理がなかなか難しい微妙な問題に対

渡邉眞次氏

しては、業界全体で「報道評議会」のような自主的な第三者機関をつくって、そこが救済にあたるべきだとしたのです。

ところが、メディア側の対応がなかなかすすまないなかで、昨年秋に開いた人権擁護大会でいま問題になっている「政府がつくる人権救済機関」についての日弁連の構想が打ち出され、そこで報道被害もこの人権機関の救済対象にする構想が示されたのです。しかし、メディアへの調査権はどこまで及ぶのか、罰則をどうするのかといった問題で大激論になりました。

ちょうど同じ頃、法務省の人権擁護推進審議会も同様の組織をつくるということで検討をつづけていました。同審議会の「中間取りまとめ」が11月に出され、それへの日弁連の意見書が２００１年1月19日付で出されました。これが現在の日弁連の基本的なスタンスと言っていいものです。

そこで日弁連がどういう見解を示したかというと、まず、公権力による人権侵害に対する救済を最優先として取り上げるべきだとしています。それから私人における人権侵害も、重大悪質なものについては範囲を明確にした上で調査権限を法律で認めていくという考えを示しました。調査への非協力に対しては、刑罰ではなく過料という行政的な罰を科すことを考えています。そしてメディアによる人権侵害については、簡易迅速かつ実効的な救済機能を有する自主的第三者機関がある場合には、これに優先管轄権を認めようという立場です。しかし、有効な救済機関を持たないもの、または救済機関の判断に不服である場合には人権機関に申し立てができるという意味での管轄を認めています。やはり、深刻な報道被害の救済がなおざりにされてきたことへの危機意識が弁護士会には強くあることを反映していると思います。

しかし、メディアへの調査権限については、報道の自由の保障の観点から、「取材源及び未公開の取材内容についての提出命令、開示命令、陳述命令などは認めるべきではない」としています。また調査義務違反に対しては「公表」ができるというところに止めて、それ以外の制裁は科さないという考えを示しています。そうなると、取材源等の問題にからんだ場合には人権救済機関からの調査があってもその命令に従う義務はないということですので、メディア側は「答えられません」いうことになるだろうと思います。となると、中身に触れられませんから、前提のところで終わってしまうケースが生ずるものと思われます。日弁連はまた「誤報など取材の内容の信用性の評価が問題となるような場合」は、報道の自由との関係で「当否の判断を行うべきではない」と言っていますので、そこでの制約もあって結果的には人権機関に申し立てても救済が図れるかどうか、はなはだ疑問といえます。

こうなると、メディア側が材料を提供せず、非協力であったために結論が導けなかったという結果だけが残ることになり、そのことが世論としてメディアへの不信を逆にかきたてるということにもなりかねない、そういう心配があります。

以上は、日弁連としての現在の意見を紹介したものですが、私は、まず国による人権救済機関の独立性には極めて大きな疑問を感じます。仮に、一定の独立性を保った救済機関ができたとしても、やはり国の機関であることには変わりないのですから、報道の問題には関与すべきではないというのが基本的な原点だと思います。国家権力を監視する立場にあるものについては、権力の介入からできるだけ遠ざけるというのが民主主義の成熟度を示すバロメーターだと思うからです。ですから、行政機関がメディアを管轄するということは、本来してはならないことだと思います。

法務省・人権擁護推進審議会の「中間取りまとめ」にも、「諸外国の国内人権機構等一覧」という資料が付いていますが、それを見ても、メディアを組み込んだ人権救済のための国家機関というのは、実は見当たりません。イギリスのＰＣＣというプレスの苦情処理委員会は自主的な機関ですし、スウェーデンの報道オンブズマンや評議会も自主的な組織です。それなのに、なぜ日本だけがメディアを国家機関の管轄に組み込もうとしているのか、理解できません。その点でも根本的な問題があると見ています。

そこで先ほどの質問に戻ると、たしかにこれまでの法務省の人権救済システムではあまり実効性がなかったのは事実だと思います。しかし、だからといってこういう国家機関をどこまでを対象にしてつくるかについては、やはり慎重な検討が必要です。桂さんの問題提起にもあったように、そもそもは公権力による人権侵害、要するに警察、入国管理局、刑務所等での人権侵害等について、日本には実効性のある政府機関がないからつくるべきだという国連の規約人権委員会の勧告から始まっているのです。本来はそれだけをつくれば一応の目的は達するのですから、あとはできるだけ自主規制でやっていくことが必要だと思います。

こうした観点から、プリントメディアである新聞、雑誌においては、早急に自主的に報道被害救済機関を設置して、国による人権救済機関の管轄にメディアを置く必要性のないことを客観的に示して拒否すべきです。放送においてはＢＲＣ・ＢＲＯが自主的に創設され活動しています。現在、さらに実効性を持たせる努力が重ねられています。

ただし、現在ＢＲＣ・ＢＲＯでは、公平・公正など放送一般にかかわる問題はまだ取り扱っていません。ですから、そういうものを扱える受け皿をこれから考えていく必要があると思います。オーストラリアは、報道の自由にかかわる委員会と権利の侵害を救済する委員会とがセットになったシステムになっています。日本でも、ＢＲＣ・ＢＲＯのあり方をそういうシステムとして考えていくべきではないかと思います。

全メディアが主務官庁をもつ意味を問う

田島　個人情報保護の問題で質問も出されていますので、その点について私もひとこと発言します。

放送機関、新聞社などの報道機関が個人情報保護法案の義務規定の適用除外となったことから、メディアは強力な規制からまぬがれたのではないかと思い込んでいる方も多いようですが、これは全くの誤解です。放送局も新聞社も、義務規定についても基本的に規制の対象になっているのです。

適用除外は五五条にかかれていますが、そこには「放送機関、新聞社、通信社その他の報道機関」が取り扱う個人情報のうち「報道の用に供する目的」のものについてのみ義務規定の適用を除外するとあります。となると、たとえばテレビ局ではワイドショーやドラマ、バラエティーといったエンタテイメント系の番組に関して取り扱う個人情報は適用除外の対象にならない可能性が大いにあります。視聴者からのリクエストやアンケート、苦情といったものについても、ファイルされたりコンピューター化されている情報は同様です。要するに、新聞社や放送局が丸ごと除外されているわけではないのですから、その限りですべてのメディアが主務官庁をもち、その官庁のコントロールのもとに置かれることを意味しているのです。そして、取扱い義務に違反した場合は主務大臣の命令に服し、その命令に違反した場合は刑罰を受けることになります。

田島泰彦氏

主務官庁をもつといえば、人権救済機関は法務省のもとにあり、青少年社会環境対策は内閣府か総務省のもとですすめられることになります。つまり、日本のメディアは、活字メディアも含めてさまざまな形で、戦後初めて官庁のコントロールのもとに置かれることになるのです。そのことの意味は非常に大きいと思います。なぜなら、ジャーナリズムの広範な活動に対して官庁が「こうしろ、ああしろ」と法的権限をもって言えることになるわけで、官庁が日本のメディアやジャーナリズムを常に監視する、そういうシステムのもとに置かれることを意味するからです。

これは、私の認識としては一つ二つの悪法ができるというレベルの問題ではありません。まさに猪瀬さんが先ほど指摘された表現の自由、報道の自由、放送の自由の根幹に触れる部分で問題が提起されているといえます。しかも、権力が言論、表現の自由を規制しようとしているだけではなくて、多くの市民や世論がその権力による規制を支持してもいるのです。それだけに「規制反対」を叫んでいればそれですむといった問題では全くありません。メディアもまた自主・自律の具体的な対応策を示しながら一つひとつ問題を乗り越えていく、そういう努力が強く求められているのです。

Vチップは是か非か

宮台　規制にかかわる議論が、表現の自由を守る、あるいはその侵害を許さないという図式だけで語られるのはややまずいと思います。日本でも猥褻三法の一部はそうした規制機能を果たしているし、地方の条例もそうです。

そこで、メディアを規制する法的な理屈に注目してほしいのです。ロビー活動においても私は、「行政が何らかの形でメディア規制のフリーハンドをもつことに反対ではない、ただ理屈が問題だ」と言っています。青少年有害環境対策もそうです。暴力的なメディアが子どもを暴力的にするという強力効果論の図式は馬鹿げています。しかし、諸外国の立法のリーズニングも踏まえて、やはりこのメディアは自分の子どもに悪影響を与えると思った場合には、その人が幸福追求権を完遂できるような環境を整える義務が行政にはあるという観点、そこから法律をつくることはできると思います。

幸福追求権というのは、トーマス・ジェファーソンがアメリカ独立宣言に「何人も統治権力から自由に自分の幸福を追求できる」と書いた、あれですが、メディアに関して言うと、見たくないものを見ないですむ権利を行政が支援する義務があるかもしれないということです。そういうロジックであれば、時間帯規制、空間規制、メディア別規制といったゾーニング(すみわけ)が考えられます。Vチップのようなテクノロジーもそのなかに含みます。要するに、子どもに見せたくないと思っている人がその権利を行使するのに役立つようなツールを、物的にしろ制度的にしろ用意していくことは、メディア規制のロジックとして可能だと私は思います。ですから、もし何らかのメディア規制が必要だという世論に後押しされてそれに応えようとするのであれば、そういうロジックで考えるべきです。そうすれば、後世にも諸外国に対しても恥をかかないですむのではないでしょうか。

そういうことを言うと、驚いたことに「なるほど。そういうことは誰も言ってくれなかった」という答えが返ってくるのです。そう、マスコミも誰も言ってないのです。有害だからメディアを規制するという理屈ではなくて、憲法上保障されているはずの幸福追求権の中に「不意打ちをくらわない権利」というのを書き込むことがあり得て、そういう観点で法律をつくれ、ということはあり得るのです。

たとえば、ハリウッドの映画会社は全社Vチップの導入に賛成しています。これは暴力や青少年有害環境に関する表現を何らかの形で自分たち市民がハンドリングできるようにしてくれという要求と、場合によっては万人に見せるというわけにはいかないかもしれないが、それでも表現上の必要からこの水準の暴力や青少年有害環境表現はどうしても入れたいという表現者側の要求の、双方の要求に応えるようになっているではありませんか。ハリウッドの映画会社はだから賛成しているのです。どんな表現規制であっても表現の自由を侵害することになるから許せない、という形でメディアが一体化している日本の状況は、国際的に見てもおかしいですよ。そのへんについても認識を深めていただきたいと思います。

田島　この論点は少し議論がいると思います。ご存じのようにVチップ、レイティング（格付け）をどうするかについては、日本でも郵政省の研究会等で議論がされて、いまペンディング状態になっています。アメリカはVチップを開始したものの、その実効性も問題点もまだ定かではありません。しかし、日本でも青少年社会（有害）環境対策基本法が通るようなことになれば、早晩この議論は始まると思います。そうなれば宮台さんのような議論も、もちろんあり得るでしょう。

しかし、アメリカの場合でも、レイティングについては放送業界の対応を見る形になっていて、ＦＣＣ（連邦通信委員会）が自らその基準をつくるといったことはしていませんが、もし放送業界の取り組みが不十分ならＦＣＣが乗り出すというシステムになっています。法でレイティングの実施を強制しているのです。そのために、市民的自由擁護の全国組織がこれに反対しています。私も、国家が気に入らなければ国で基準をつくるというやり方が果たして表現の自由にふさわしいシステムなのかどうかについては異論をもっています。桂さんはいかがですか。

桂　ハリウッドの映画業者がゾーニングに賛成なのにはワケがあります。彼らは通信衛星を使ってケーブルテレビに映画を配給し、有料のペイ・パー・ビュー方式で見せたり、ビデオにして販売したりしていますが、その際に暴力表現の度合いに応じたレイティングを表示しています。レイティングになぜ賛成かというと、そのほうが売れるからです。「子どもに見せてはいけないもの」が特別の商品価値をもつのです。

だから、Vチップやレイティングはおかしいという運動が市民からも起こっていたりする。アメリカの通信品位法がなかなか決着つかないのは、そういう問題も含んでいるからです。

日本でもこのような議論はしています。いちばん議論をしているのは映画事業者です。法律で表現を規制することに反対して「映倫」をつくり、そこでの自主的な審査でゾーニングをやって映画を提供するということをやっています。ビデオ業界も同じようなことをやっています。テレビ番組のレイティングやVチップ導入問題もいずれまた議論になると思いますが、ゾーニングを法律で強制するのがいいのか、それとも自主的にやるべきかは大いに議論しなければいけないと思います。もちろん自主的にやるためには、メディアは市民の信頼を獲得する必要があります。そのことが問われるのは当然です。

メディアとジャーナリズムの課題

田島　時間がないので規制の問題はこれぐらいにして、次にメディア規制を求める声が起こってくる背景にあるメディアやジャーナリズムが抱える問題について議論しようと思います。この点については会場からもいろいろな質問が寄せられています。たとえば、集団取材という問題をメディアとしてどう考え、どう解決していったらいいかという質問。さらには、いまのメディアはジャーナリズム機関というよりも営利企業としての側面が強くなっていて、その利潤第一主義的なところに起因する問題があるのではないかという指摘もされています。
それから、複数の方々から記者クラブをどうすべきかについての質問が出されています。解体すべきなのか、新しい運営の仕方を切り開いていくべきなのか、あるいはもっと違ったジャーナリズムをつくっていくべきなのか、といった質問です。それから、社内教育のあり方でいろいろ問題を抱えているとすれば、今後どういう形で進めていくのか、そもそもそれは可能なのかという質問もあります。こういう質問が出されていることを頭の中に入れて、いまのメディアのここがいちばんの問題ではないかという点を指摘していただこうと思います。

記者会見はオープン・ツー・オールに

宮台　最大の問題は、先ほど畑さんがおっしゃっていた取材力、調査能力が低下している問題だと思います。ちゃんとした調査報道をやるメディアが非常に少ないことです。これは、記者クラブのもとで役人の言うことを官報よろしく垂れ流すやり方を延々とやってきた結果なのではないですか。

『週刊朝日』が最近号で、いわゆる筋弛緩剤を注射した容疑で捕まっている守容疑者についての報道に大きな誤報があるのではないか、ということを書いています。「容体が急変するので『急変の守』と言われている」といったことをモザイクのかかった画面の向こうでいろんな人間がペラペラしゃべっていましたが、「そんなことは言われたことがなかった」「ただのつくり話である」ということが報じられているのです。モザイクの問題は先ほども出ましたが、やみくもにモザイクをかけること自体、「取材源の明示」という調査報道の原則に抵触することです。そのセンスをもっている人がどのくらいいらっしゃるでしょうか。

たとえば「あの人はたしかにこういう人でした」と言うとき、名前も顔も隠していいとなれば、誰でもどんな嘘でもつけます。だからこそ取材源の明示ということが調査報道の原則なのではないのですか。その大原則のもとで例外的な規定として、取材源を明らかにすると公権力の介入を招くなどの可能性があるので、それを保護するためにモザイクをかけるのではありませんか。

これは各人の心意気とかとんがり具合の問題というよりも、やはり官報よろしく記者クラブのもとで流れくる情報を垂れ流せば紙面や画面がつくれる――そういう弥漫した状況に大きな問題があることは、誰も否めないはずです。

先日、アジア太平洋資料センター（ＰＡＬＣ）が日本赤軍の重信房子を隠匿した容疑でガサ入れをくらい、そのことでＰＡＬＣが司法記者クラブで記者会見をやりました。その模様をいろんなＮＰＯが自分たちの機関紙などで書こうとしたら、その記者会見に入れないのです。司法記者クラブに電話しても、「あんたちは民放連でも新聞協会でもない。そういう人たちも司法記者クラブが全会一致で認めれば入ることができるけれども、それが無理なのでダメだ」と言うのです。これが現実です。

何度も言いますが、パブリックな記者会見というのは、オープン・ツー・オールでなければ意味がありません。それ以外は記者会見ではありません。「それがわかってない人が多い」と言うと、「いや諸外国にも記者クラブはありますよ」と言う。ありますよ、どこにだって。しかし、日本のような完全なクローズド・メンバーシップで、全会一致で外部の者を排除し、官報よろしく垂れ流す――こういう記者クラブは先進国では日本だけです。これを何とかしないで報道の健全化はないのではありませんか。

記者クラブから雑誌が排除されていますが、個人情報保護法というのは、記者クラブ制度の外にあるジャーナリズムをより強く規制するという狙いをもっています。これは何を意味しているでしょうか。記者クラブ制度の内にあるジャーナリズムは、簡単に言えば動機づけ、モチベーションをコントロールできる。しかし、記者クラブ制度の外にある『噂の真相』のような雑誌は、モチベーションをコントロールできないので、法的なサンクション（制裁）で脅して規制する――そういうリーガルな目的が見えてくるのではありませんか。

この法律に反対する立場から立論しようとすれば、記者クラブの問題に触れないわけにはいかないというのが私の考えです。

田島　それは記者クラブ解体論ですが、そうではなくて……。

宮台　いや、記者クラブはどこの国でもありますから、あってもいいと思いますよ。記者クラブをクローズド・メンバーシップにして、そのメンバーだけを相手に政治家や官僚が情報を流すという馬鹿げた制度をやめろと言っているのです。日本的記者クラブ制度をやめろと。

猪瀬　それはなくならない。

桂　つまり、記者クラブをどう変えていくかという問題です。

猪瀬　いや、「なくせ」「変えろ」と言っても変わってはこなかった。現実を前提にして話をしないと、観念論になってしまうから……。

桂　観念論ではなくて、実際に私は公的機関から情報を取るときに、最近はインターネットのホームページに載っている役所の電子掲示板などをかなり使います。役所の発表を聞くだけなら記者クラブの人を呼び集めて発表する必要はないなと思います。

猪瀬　だから、それでいいのですか。

桂　いや、違います。役所はホームページで知らせているのだから、もうそれでいいだろうという感じになってきています。しかし、これは一種のデジタル・デバイドを悪用するやり方です。役所がパブリック・コメントを求めることも最近盛んになってきましたが、これも意見を聞きましたという形づくりに使われている面があります。そういうことを考えると、かえって公的情報源のなかにプロの記者がいて取材をすることの重要性がますます強まることを痛感します。そこに記者クラブの必要性もあるのだと思いますが、宮台さんがおっしゃったように、それが一部の者たちの独占的な情報源になっているところが問題なのです。

宮台　まさに、そこを問題にしているのです。

噴き出す記者クラブの矛盾、欠陥

桂　いまの記者クラブは、戦争中につくられた記者登録制のもとでの記者クラブ制度を引き継いでいるわけで、その責任は新聞協会にあります。しかし、外国の記者たちが70年代以降、記者クラブの閉鎖性を問題にし、フリーの人たちも批判を始めるなかで、「記者クラブというのは懇親組織である」という欺瞞は押し通せなくなりました。そこで新聞協会は、「取材拠点である」と見解を改め、さらに「新聞協会の加盟社等で独占してはならない」ということもはっきりさせました。ところが長年にわたって習い性となった現場の記者たちはこれまでの制度からなかなか脱皮できなくて、新聞協会や民放連加盟社以外は認めようとしません。そこが大きな問題です。奈良新聞社が新聞協会から除名されたとき、現場のクラブが、奈良新聞の記者を除名するというようなバカなことをやった。こういう問題を解決するには、問題を現場まかせにせず、本社が指導性を発揮すべきですが、そうしようとしていないところに大きな責任があります。

しかし、宮台さんがおっしゃるように、この矛盾、欠陥は見え見えになってきていますから、早晩、もっと具体的に議論するところにいくと私は思っています。その際にいちばん問題になるのは、記者クラブに入れる、入れないの基準、資格というものが、一人ひとりの記者について定められているのでなくて、どの会社に所属しているかだけを問題にする基準になっていることです。

外国の記者クラブはどうなっているか、これは二つの要素に分けて考える必要があります。一つはハードウェアとしてのプレスルームで、これは公的情報源側がしつらえるものです。しかし、そこに出入りするメンバーシップをもった、記者クラブを構成するものは、それぞれ個人の資格をもつだけの記者たちです。その国あるいは地域の記者会に所属していることが大きな基準になります。これはソフトウェアです。

猪瀬　桂さん、建前の話はやめましょう。

宮台　いや、建前じゃないですよ。記者クラブの外側で調査報道をやって、それで読者を獲得するような記者たちが芋づる式に出てくれば、直ちに実効性を失うのです。

桂　問題はフリーランサーの人たちを現場が主体的に迎えるかです。

猪瀬　じゃ、具体的な例を出そう。民訴法の改悪問題が起こったときに、僕と櫻井よしこ、中村敦夫と一緒に司法記者クラブで記者会見をやったことがあるのです。三、四年前のことです。そのとき三人が並んで記者会見をやっているところを写真に撮りたいということでフリーのカメラマンが僕に付いてきたのですが、司法記者クラブはそのカメラマンを入れてくれなかったのです。で、「何で入れてくれないんだ」と僕が言ったら、「事前に了解を取ってない」と言うのです。「俺がここでいいと言っているんだから、いいだろう」と言っても、「ダメだ」と記者クラブの幹事は言うのです。そこで、僕は、「幹事はこう言っているけれども、記者会見をする本人がフリーのカメラマンを入れたいと言っているのだから、入れてくれないか」と集まっている記者に救いを求めたのですが、誰も応援してくれないのです。

宮台　だから問題なんでしょ。私が出した例と全く同じじゃないですか。

猪瀬　それからもう一つ言いたかったのは、行政機関がホームページに情報を出し、パブリック・コメントを求めだしたと。これはある意味で記者クラブの情報独占を少し排除する役割をもつわけです。

宮台　あなたは何を言いたいのですか。そうではなくて、官報よろしく垂れ流しを続けていた記者クラブの大義名分を奪うようなことを官庁がホームページでやりだしたということでしょ。だったら、ますますいまのような記者クラブを存続させる大義名分はなくなるのではありませんか。

猪瀬　だから、記者クラブはなくてもできますよ、ということです。ただし相変わらず新聞は記者クラブ情報を満載しているわけです。

宮台　さっきから私たちもそう言ってるじゃないですか。いったい何が言いたいんですか。

田島　記者クラブ問題については、それに所属している人も、その外側で仕事をしている人も会場におられると思いますが、どなたか発言はありますか。

篠田　日本ペンクラブの言論表現委員会副委員長をしております篠田です。本業は月刊『創』の編集長です。冒頭で桂さんが三田佳子さんの次男の報道について話をされましたが、実は2月21日の第二回公判のとき、現場は取材をめぐってものすごく混乱しました。公判が終わって次男が出てきたところに報道陣が押しかけて、もみくちゃになり、弁護人の資料が飛ばされて、それを取材人が踏みつけるという事態になって、ついに弁護士が「身体的安全性が確保されない限り被告の出廷には応じない」と宣告するまでに至りました。裁判所はいま、この件をすごい関心をもって見守っています。

そこでメディア側が3月21日までに「自主的な取材のルールづくり」について回答することになっています。その回答はまだ出されていませんが、私が意外だったのは、スポーツ紙や雑誌よりもテレビのワイドショーのほうがちゃんと対応しようとしていることです。実は、最初に話をもっていったのは記者クラブでした。しかし、記者クラブは「自分たちは廷内取材をしているのであって、混乱した廷外での取材については、記者クラブとして対応するつもりはありません」と言うのです。つまり、ワイドショーや雑誌も含めた集団取材のことで議論をしようとすると、記者クラブはほとんど対応不能なのです。ですから、記者クラブの是非を論じている時代はもはや終わったのではないか、少なくともその機能は停止しつつあるというのが私の実感です。

和歌山カレー事件の教訓は生きているか

田島　集団取材の問題も含めて、先ほどから出されている記者クラブ問題について、畑さんはどんな意見をおもちですか。

畑　集団取材の問題――一部では過剰取材とも言われている――この問題と記者クラブの問題とは、同じ根っこにあるのではないかと私は思います。

まず集団取材の問題ですが、その現場に行った記者は、たしかにこれは耐えられないなとすぐにわかるのです。私も和歌山カレー事件の現場へ行った記者から話を聞きましたが、相当にすごい取材をやっています。容疑者宅の近所に住んでいる人たちは、とても平穏な日常生活は送れないほどの取材陣が連日押しかけてくるなかに長期間あったのですから、これはとんでもない事態です。しかし、その現場を踏んでいない、そういう取材現場をくぐっていない記者にとっては、なぜそんなに過剰取材がいまうるさく言われるのかがわからない。その共通認識がもてないのも事実です。それだけに、メディアに携わる関係者がまずその認識がもてるかどうか、そこが出発だと思います。

次に、フリーランスの記者、カメラマンを含めた問題になると記者クラブは対応不能という指摘ですが、ここでもその認識を編集局長、報道局長レベルまで含めてもてるかどうかが問われています。そのクラスが本気でこれと取り組もうとしない限り、事態は動かないと思います。逆に本気でやる気になれば比較的早く解決できる問題でもあると思います。しかし、これは取材を自主規制するという問題ですから、ある意味で経営判断が必要ですが、そういう肝のすわった編集幹部がどれだけメディアのなかにいるかとなると、かなり心もとない気がします。

各官庁がホームページをつくって情報をどんどん公開していくという流れが強まるなかで、いまの記者クラブ制度はいずれは崩壊していくだろうと私も思います。しかし、メディア、報道各社の権益と各省庁の記者クラブというのは表裏一体になってくっついているだけに、簡単ではありません。この問題については編集局の幹部との懇談の席でデスクが「いいかげんに何とかしたらどうですか」と口々に言うということも度々ですが、編集局の幹部も最後には「俺も経営者だから」というところに逃げるのです。要するに、企業ジャーナリズムの閉鎖性に守られている報道各社の権益というものをなくして、明日からわれわれ独自の取材に走れるかという問題です。明日からというのはちょっと無理だろうというわけです。いずれにしても、もう少し時間のかかる問題だと思います。

それにしても、テレビが行く、雑誌が行く、新聞も各社が行くというときに、ウチはその現場には行かないという判断が果たして幹部のところでできるかです。そこが問われているのではないかと思います。

渡邊　和歌山カレー毒物混入事件のとき、私も現場に行って見てきました。事件発生から四〇日ちかくが経った暑い最中でしたが、七〇人くらいの人がある夫婦の家の周りをグルッと取り囲んで、パラソルをさしたりして座り込んでいました。たくさんの脚立がその家の塀のところに立て掛けてありました。私がその光景を見て受けた率直な印象は、なんでこんなに大勢の人をここに張り付けておかなければならないのかということです。報道すべきもっと重要なことがいっぱいあるのにと思いました。その家に荷物が運ばれてきて、裏門から人が入ったとなると、いっせいに脚立を立てて塀の上から中を覗き込むのです。家には子どもさんもいるのに、そうやって四六時中見張られているのです。いったいそれにどんな意味があるのでしょうか。やはり私は、メディアはジャーナリズムとしてきちんと立ち上がってほしいと思いました。

プライバシー侵害を理由に、もし裁判所に「何メートル以内に近づいてはいけない」という仮処分を申請すれば、多分あの状態なら裁判所はそういう決定を出したのではないでしょうか。一部にはそういう準備を始めていた弁護士グループもいました。裁判所がそこまで関与しなければまとまりがつかないなどということはやめてほしいのです。やはり、明らかに行き過ぎだと思います。

もし、どうしても逮捕時の映像が必要だというのであれば、代表取材的なものを立てて混乱を招かないようにしていくというのが一般に常識をもった人の考え方ではないでしょうか。場合によったら、地元の弁護士会、新聞協会、雑誌協会、民放連といったところの関係者が話し合いをして、その調整をするということもあり得ます。そういうことがとても大事でメディアに強く求められていると思います。記者クラブは、こうした点では何ら役割を果たしてきていません。

なお、過剰取材について、ＢＲＣは「桶川女子大生殺害事件」の取材に対して、「被害者や家族のプライバシーを侵害しないよう節度を持って取材するよう」テレビ各社へ要望書を送り、注意を喚起しました。

塚本　記者クラブの問題は、私も内側からはあまり変わらないのではないかと思っています。しかし、篠田さんが「もうそんな時代ではない」とおっしゃいました。このところ司法改革がだんだん現実のものとなろうとしていて、先日も「市民参加で裁判が変わる」というタイトルの解説記事が出ていましたが、私は「裁判への市民参加で報道は必ず変わる」と思っています。警察発表を一方的に流すような報道をつづけていたのでは、「これではきちんとした評決が出せない」と弁護士さんが強くおっしゃれるようになると思うからです。だから変わらざるを得ない。そのへんに期待しています。

メディアをどう変えるか

田島　メディアが抱える問題というのは、もちろんこのほかにもいろいろあるのですが、時間が残り少なくなってきました。そこで最後の柱である「今後どうすべきか」という問題に入っていこうと思います。すでにジャーナリスト教育の問題や商業主義的なメディアのあり方など、いろいろな指摘がなされていますが、ここをこう変えたらいいのではないかという問題を、いろんな問題があると思いますがテーマを絞って指摘していただこうと思います。

大学のジャーナリズム教育を変えることから

猪瀬　大学でのジャーナリズム教育を変える必要があると思います。先生が教壇から生徒に教えるだけのやり方を変えるべきです。アメリカのコロンビア大学などではもっと実践的な指導をしています。日本でも、たとえば新聞社やテレビ局の現場を体験させてみるとか、実際に取材をさせてみるといった実践的な教育を導入すべきです。新聞社やテレビ局を目指す人は少なくともそういうことをやってほしいのです。僕は去年、上智大学で半年講義をしてその必要性を感じましたので、ことし慶応大学のメディアコムでやる授業では、インターンシップということで、学生を現場に出してみようと思っています。きょうは大学の現場にいらっしゃる方も多いのですから、ぜひそのことを考えてほしいと思います。

桂　私もそれはかねてから主張していることで、大賛成です。これは大学側の教え方にも問題があって、要するに、実学としてスクール・オブ・ジャーナリズムをやるという考え方がないのです。これが問題です。しかし、現場にも問題があります。頭で報道と人権ということを知っている者よりも、黙って働くやつのほうがいいという考え方は依然として強くあります。しかし、その一方で、かつて現場にあったＯＪＴ（オン・ザ・ジョブ・トレーニング）は壊れてきています。ですから私は、大学と現場の両方が協力してやらなければいけない時代にきていると思います。

それから記者クラブの問題。これがもう壊れかかっているのは事実です。ではどうやって壊してどう再構築化するかですが、もはやいまあるクラブをいじくり回すというようなことだけでは解決できなくなっています。思い切った発想の転換が必要です。在日外国人記者で組織するフォーリン・プレスクラブのメンバーはみんな外務省のプレスカードをもっています。これをもっている記者を日本のどの役所の記者クラブも、完全にアウトサイダーにすることはできません。広報資料を取るとか、一定の現場取材を認めざるを得ない。ところが外国人記者にはそうやっているのに、日本の雑誌のフリーランスの記者にはそれを許していません。そこで、私はいまたまたま日本ジャーナリスト会議に関係していますが、たとえばジャーナリスト会議のメンバーにＩＤカードを出す。そして、このＩＤ証をもっている人たちにはクラブ取材を認めろという運動もやる――もうそういうことをやるべきだと思っています。そうやって本当に自分たちの個人加盟のユニオンをつくっていく。その時期は意外と早いのではないかと思います。

韓国には言論労連という日本と同じ会社別労働組合の連合組織がありました。しかし、97年の経済危機以降、もう会社別組織では自分たちが犠牲になるだけで、まともな仕事もできないということから、国際的な経験も踏まえて２０００年11月、一気に個人加盟のユニオン、韓国言論労組に切り替えました。そして、２

００１年6月には国際ジャーナリスト連盟（ＩＦＪ）の総会がソウルで開かれます。いまやわれわれが韓国の経験を学び、職能組織につくり変えていくときです。そして、一人ひとりがプロとしての倫理と技術をもつ、そういうことに取り組んでいく時代になっていると思います。

スカパーが一四〇億円も出して２００２年サッカー・ワールドカップの全試合の放送権を取りました。しかも、それを無料放送でやるというのです。こういうやり方は、マードックがイギリスのＢスカイＢでやったことと同じです、このような有料放送がやがて日本のマスコミを席巻していく可能性がある。それに対抗できるだけの力が日本のメディアにあるかといったら、私はたいへん疑問です。そういうことを考えても、まさに一人ひとりのジャーナリストがプロであるという自覚をもって、プロらしい活動ができる仕組みをつくらなければダメです。そんなわけで、私はいまの仕組みがぶっ壊れていくのを楽しみにしています（笑い）。壊れたあとにはプロの集団としての職能組織と、それが支えるメディアの世界をつくっていく。私はそういう展望をもっています。

いまこそミドルマンの養成を

宮台　私は猪瀬さんの話を受けて発言したいのですが、冒頭に紹介したマスコミ効果研究の一環で、１９５0年代にコミュニケーション二段の仮説を発表したラザースフェルトという人が、ミドルマンの必要性というものを訴えています。ミドルマンというのは素人と専門家の間にいる媒介者のことです。日本では現場主義、それもベターな現場主義とは何かという理屈が出てくると、それを観念論として駆逐するという図式が企業でも、役所でも、マスコミの世界でもいまだに横行しています。これは非常に馬鹿げたことです。学会で練られた基本的な学説や十分に正当化された知識をもって、問題のある論法、問題のある取材を防いでいいくような活動をするべきです。

私はときどきＢＢＣのドキュメンタリーに協力したりしているのですが、ＢＢＣのドキュメンタリー制作の現場を見ていると、かなり優秀なリサーチャーをもっています。これも見習うべきです。社会が複雑になって、それに見合った取材技術や調査技術の向上が欠かせなくなってきています。そうしたなかで、日々の番組に追われて腰を据えた長期取材が難しいとするならば、そういう部分にもプロフェッショナルなリサーチャーを入れて、まともなポジティブチェックをするべきです。これに対して、社内オンブズマンは、報道被害を未然に防ぐネガティブチェックですが、ネガティブチェックだけではなくて、ポジティブなフィルタリングやスクリーニングをやっていくシステムも導入する必要があると思います。

実は社会学会でも私は全く同じことを言いました。しかし、アカデミズムの側がミドルマンを養成しようとしても、現場が「観念論を言うな」という状況だと、そういう人間が入っていっても全然機能しないのです。そこをお考えいただきたいと思います。

自分の足で踏ん張ってこそ市民の信頼も

渡邊　やはりメディアに所属して仕事をしている人たちには、ジャーナリストとしての見識をできるだけ身につけてほしいというのが何よりも思うことです。先ほど大学教育の問題が出ましたが、私が訪ねたスウェーデンや他の国でも、ジャーナリストとしての実務的な教育を二年間くらいはきちんとやり、そのあとで就職をするというシステムになっています。日本でもそうできれば望ましいのですが、現実にいきなり入社して現場を担当する方が多いわけですから、そういう方に対しては諸先輩が指導していくしかないと思います。ただし、諸先輩が生ぬるい会社の帰属意識だけできてしまっているとそれは期待できないわけですから、自分の足で踏ん張っていくことが必須条件になると思います。

メディアとしては、社会的な問題、マイナーな問題、あるいは権力がおかしている不正といった問題を、調査報道という形で積極的に指摘していくことが望まれていると思います。現在、経済にしても政治にしてもあらゆる分野で全くの閉塞状態に陥っていますが、私はその責任のあるパーセントはメディアにあると思っています。要するに、これまで国民、市民が考えなければならない個々の分野の重要な問題の指摘をメディアが怠ってきたことに大きな原因の一つがあると思うからです。それだけに、批判精神に立って問題点をあばき、自律して粘り強くがんばっていく——そういう精神をもちつづけてほしいと思います。

そういう形でメディアが真価を発揮して、市民へ論点を示し、論争の中から方向性を見い出せるように勇気づけることが信頼を取り戻す何よりの道だと思います。そして、そういう過程のなかで思わず関係者の人権を侵してしまったという場合には、速やかにそれを回復する措置を講ずるべきです。メディアは人を批判することが一つの仕事なのですから、自らへの批判も謙虚に受け止めるという弾力的な姿勢がとても大事です。権力とたたかうにしても市民の信頼、世論の盾なしにはたたかえないのですから、その点をきちんと押さえ、被害の救済を積極的に図って市民の信頼をつなぎとめる努力をしていただきたいと思います。それが、報道の自由を守ることにもつながると思います。

塚本　青少年有害環境対策をめぐるメディア総研と民主党との懇談で、民主党は自分たちが準備している法案について、「これはメディアを取り締まる法律ではなくて自主規制を促す法律だ」とか「自主的な第三者機関でこれに対応しているところは（法の適用を）外してもいいよ」という説明があったという話を伺いました。私はそれを聞いて、法律をつくる人たちの言論、表現の自由に対する理解が非常に弱いという気がしました。これは低俗番組の問題を考えると非常にわかりやすいのです。それぞれ生活の仕方も考え方も違う一億二〇〇〇万人の人たちがいる。ものすごく幅が広く層が厚いのです。それを国なり一握りの有識者がどうして判断できるでしょうか。

私は内心の問題について、相手がどんなに立派な人でも判断してもらいたくはありません。自分の好みについてあれこれ言われたくはないのです。そういう内心の問題——考え方とか感じ方——について誰かが優劣をつけられるはずはないのです。言論、表現その他の精神的な領域の問題については、あくまで市民社会における自由な批判・議論を通して合意を形成していくしかないのです。民主主義とは、その過程が保障されることであって、またそれによって成熟していくものだと思います。

今後どうすべきかということについては、法務省の人権擁護推進審議会が出した人権救済機関に関する「中間取りまとめ」に対して、四万件にのぼるパブリック・コメントが寄せられたと報道されていました。そしてそれらの意見を受けて、公権力による人権侵害を積極的な救済の対象にすることにした、ということでした。私たちも意見書を出しましたが、やはり問題だと思うことには市民の立場からものを言っていくべきだと思います。

畑　きょうはメディアに対する手厳しい意見がつづきましたが、私もほとんどが納得できる意見でした。しかし、ではどうしたらいいのかとなると問題は深刻です。一つは、１９８０年代に入ってからメディアは間違いなく事なかれ主義に流されていて、何を取材するのかが見えにくくなってきているからです。たとえば、神奈川県警、新潟県警など一連の警察不祥事取材というのがありました。これは市民からの反響が非常にあった取材で、まさにマスメディアと市民が一体となってやった警察批判でした。しかし、これも途中で萎えてしまって、いまでは警察に対する正面きった批判を見ることはほとんどありません。個別のスキャンダルはそれぞれにとりあげても、一つのキャンペーンとなるような報道は止まってしまっているのです。

それはなぜかというと、警察はメディアの重要な取材源であって、そこととの関係をこれ以上悪くしたくないということがあるのではないでしょうか。市民の利益ではなくて、報道各社の権益を守る姿勢が警察報道に対する自主規制の流れとなっているのではないか。しかも、その点に読者、市民から大きな疑いの目を向けられてしまっている――そういう状態にあるのではないかと思います。

なぜこんなに事なかれ主義が大きな流れになったかというと、大きい新聞社、放送局ほどそうですが、新聞の現場で言うと減点主義がそれに拍車をかけているところがあります。加点主義ではなくて減点主義によって人を評価するのです。この記者はこんな失敗をした、かつてこんな誤報をやったとなると、もうその記者は重要な取材にはつけない。その結果、減点のなかった記者が大きな事件を担当し、調査報道などにも入っていくことになります。しかし、減点主義できている記者はどうしても事なかれ主義になりがちです。最後の最後のところで本当に真実を追求できるのか、社会正義を貫けるのか、という問題がつきまといます。

これからの展望で私が一つ期待しているのは、市民の間からきちんと立ち上がりつつあるプレス・ウオッチャーの存在です。いろんな調査をしてみてもなかなか読者の姿が見えてこないのですが、きちんとメディアに対してものを言う人たちを大切にする必要があると思います。宮台さんの言葉を借りれば、まさにそれがミドルマンです。そういう人たちにきちんとジャーナリズムを検証してもらう――それが展望を開く道筋ではないかと思います。

それともう一つ忘れてならないのは、ポジティブな検証です。報道被害の問題にしても個人情報保護の問題にしても、規制が強まると現場はどうしても萎縮しがちです。減点主義のもとにあっては、なおのことそうです。それではジャーナリズムが本当に衰退していくことになりかねません。そこで私は、ポジティブな検証ということを、われわれ一人ひとりが自らの問題として考えていく必要があるのではないかと思います。

新聞界には新聞協会賞というのがありますが、いまや心ある人たちから「新聞協会賞も地に落ちた」と言われています。私も同感できる部分がかなりあります。業界の中だけであの報道はよかった、悪かったと検証しているからです。やはり市民、読者を交える形できちんと評価すべきです。ジャーナリストを顕彰する場合はそういう形に制度を整えていくべきではないかと思います。

猪瀬　ミドルマンというのは僕もいいと思っています。それと同時に、新聞記者の雇用の流動性をもっと活発に起こすべきです。昨日は毎日新聞で仕事をしていた記者がきょうは朝日新聞で書いている――そういう流動性が戦前はわりとあったのです。いまは全くのフリーランスと全くのサラリーマンとに分かれてしまっていますが、そこが流動的になれば少し変わってくるのではないでしょうか。それと実習教育。カギはそのへんにあると僕は思ってます。

調査報道が新聞を変える

宮台　記者クラブ制度はたしかに正当化できないくらい空洞化していますが、それに加えて明らかな害悪を二つの面で垂れ流しています。一つは冤罪の可能性です。これは公権力による冤罪ではなくて、記者クラブ制度に支えられた番記者制度のなかで捜査一課長の独り言を「〜と警察では見ています」などと垂れ流すという形で、冤罪の構造を温存しつづけていることから起こる冤罪です。もう一つは、政治に関する報道も実は記者クラブ制度のなかでかなりのバイアスがかけられていて、われわれが知りたいと思っていることが全部出る仕組みになっていないことです。これらを打開するには、先ほど言ったように調査報道をやって読者を獲得することです。そういうメディアが出てくれば、記者クラブ制度は一瞬にして空洞化します。

その意味では、畑さんを横にして言いにくいのですが、新聞の宅配制とは何かも考えるときにきていると思います。これは調査報道によって公正な競争を支援する制度であるのか、それを妨害している制度なのかです。いくら調査報道でがんばっても「私は洗剤をもらって一年間朝日新聞をとることになっているのよ」という宅配制のもとでは、適切な市場の恩恵による動機づけが得られないのです。こうした制度にも注目していかないと、記者の心意気に期待するだけでは根本的な解決にならないと思います。

市民にはすすんで情報公開を

田島　いま宮台さんから出された再販制度の問題もぜひ議論したいのですが、きょうは時間がありませんので別の機会に譲ることにします。

今日の議論で出なかった点を二点だけ手短に言っておきます。一つはメディアを市民に開いていく、そういうメディア改革をしていくとメディアの側は一応言っているのですが、それだったら権力に言われてやるのではなくて、自分のイニシアチブで積極的に取り組んでいくという姿勢がいままさに必要だということです。そう考えると、人権救済の問題や青少年保護の問題で自律的な対応を強め、市民に開いていくことが必要なのはもちろんですが、それに加えて権力がまだ言っていないこと、たとえばメディアの透明性の確保と情報公開の課題などに取り組むべきです。これについてはＮＨＫが特殊法人ということで、特殊法人の情報公開という文脈でこの問題に直面したのですが、これこそは権力から「ああしろ、こうしろ」と言われる前に、新聞、出版、放送を問わずすべてのメディアが自らのイニシアチブで市民に提起してほしいと思います。権力は早晩、こういうところからさらに規制を強めていくことになると思います。

もう一つは、市民に全部を期待するのは筋違いであって、メディア、ジャーナリズムは自分で変わるしかないということです。そのときいちばん大事なことは、規制問題の文脈で言うと、自分たちは本当に自由を必要としているかです。自分たちが自由を必要としていなければ、外からいくら言っても自由など確保できません。法的規制に反対を表明することはメディアとして当然であり、大事なことです。

しかしその一方で、たとえば森首相の「神の国」発言をめぐって首相に送ったとされる「指南書問題」というのがありました。それから政府の審議会への新聞・放送関係者の参加という問題もあります。これらはメディア自体が権力とどういうスタンスを取るかが問われている問題です。法律によるメディア規制が出たときだけ「反対」では誰も信用しません。その意味で問われているのは、権力や他の社会勢力、市民とどういう向きあい方をしているかです。なかでも権力に対してどういうスタンスをとるかは、表現の自由の本質に関わる問題です。権力に付け込まれるのも、市民からの厳しい批判と信頼の喪失にさらされるのも、そこでの対峙の姿勢に問題があるからです。その二点を指摘しておきたいと思います。

予定時間がすぎていますので、最後に言い残したことをひとことずつ手短に発言していただいて終わりにしたいと思います。桂さんからお願いします。

問われているのはメディアの民度

桂　きょうの議論は、もちろんメディア規制が一つの大きなテーマであったのですが、それと同時にメディアの責任とは何かが厳しく問われました。とてもいいことだと思いました。確かに、まだまだかったるいところがある。しかし、ある意味で世の中というのはそういう形で進歩するものだなという感じがしています。何度も失敗し、そこからまた新しい課題をみつけてたたかい、かったるい進歩を遂げていく。そういうがんばりが非常に大事だということを痛感しております。

猪瀬　先ほど渡邊さんが、「メディアがちゃんと機能していれば」と思う部分がかなりのパーセントあるという話をされました。そのとおりだと思います。本当にいまもっている権利を全面的に使っていれば、メディアはこんなに厳しい批判を浴びることもなかったでしょう。いまになって「規制される」と叫んでいますが、あまり使っていない権利なのですから規制がきてもたいしたことないと、皮肉な言い方ですがそういう気もします。要するにメディアにはもっとやるべきことがあり、それをまずやるべきだということです。

塚本　私たちの会の一人である沖縄の人から「最近、巷に奇妙な看板が目につくようになりました」という手紙を受けとりました。看板には「日本は神の国、徴兵制導入を」とあって、その上には大きく日の丸の旗が描かれているというのです。憲法には「人類の多年にわたる自由獲得の努力の成果」と書かれていますが、私たちがいま享受している権利は、自国とアジア諸国の人々のおびただしい血を流した末に手にしたものです。これを決して手放すことのないように、メディアの規制についてももう一度自分たち自身の権利を確認し直す作業をやっていかなければいけないと思います。

畑　記者は萎縮すべきではないし、これ以上自主規制すべきでもないと思いますが、同時にいま記者一人ひとりが市民、読者からウオッチされる時代になってきていると思います。そこが大きく変わってきた点です。たとえば昨年（２０００年）石原知事の「三国人」発言が問題になったとき、石原知事はひとりの記者を記者会見で名指しして激しくののしりました。あれをテレビで見た視聴者はどう思ったでしょうか。知事も公人の態度としては異常でした。しかし、それに対して何も言わない、知事をたしなめようとすらしない記者たちもおかしいぞと思ったのではないでしょうか。

森首相の「神の国」発言についての指南書が官邸の記者クラブに落ちていた問題も、結局クラブは不問に付してしまいました。それで済ませるのがこれまでの記者クラブの対応だったのでしょうが、メディアを通じて読者、市民にそのことが広く知られることになって、いっそう記者に対する不信感が拡がっています。

まさに記者がウオッチされているのです。そういう意味でも、記者に自覚と自律を促すファクターが新たに出てきているのではないかと思います。

宮台　メディアはよく「官権から民権」へということを書きます。民権化して社会がよくなるかどうかは民度によります。日本のマスコミはもちろん民であるのですが、マスコミにかかわっておられる方々の民度はどうなんでしょうか。私は常々そのシステムとあわせて疑問をもっています。よくマスコミが「永田町の論理だ、霞ヶ関の論理だ」と言いますが、それこそ記者クラブ制度や番記者制度で、霞ヶ関の論理、永田町の論理にどっぷりつかっているのは新聞や放送の皆さんなのではないのですか。だから私は、そんなことが書いてあると吹き出してしまうのです。「お前のことだろう、それは」と（笑い）。「官権から民権へ」なんて言う資格があるのということを、皆さん、ぜひ胸に手を当てて考えてほしいと思います。

渡邊　記者あるいはメディア関係者として、是非ジャーナリストの原点を再確認していただきたい。それから、迫ってくる規制の大波に流されることなく、責任と自信をもって萎縮せずにがんばってください。

田島　私も最後にひとことお願いするとすれば、ジャーナリストとして今回の規制の問題に取り組んでほしいということです。ジャーナリストとしてというのは、反対声明を出すとか、反対の集会を開くということだけではなくて、この問題をていねいに、深く取材し、記事や番組にして報道し、市民がこの問題について判断できるだけの十分な材料を提供していくことです。そこでがんばるのがジャーナリストとしての本当のがんばりだと私は思います。大学の教員が研究や教育の場でやることをしないで他のところで一生懸命やってもあまり評価されないのと同じように、ジャーナリストとしての真価がそこで問われている。ですから、ぜひジャーナリズムの問題としてこの規制の問題に取り組んでほしいと思います。そのことをお願いしてシンポジウムを終わります。長時間にわたるご静聴ありがとうございました。

『メディア総研ブックレット』刊行の辞

メディア総合研究所は次の三つの目的を掲げ、三〇余名の研究者、ジャーナリスト、制作者の参画を得て一九九四年三月に設立されました。

①マス・メディアをはじめとするコミュニケーション・メディアが人々の生活におよぼす社会的・文化的影響を研究し、その問題点と可能性を明らかにするとともに、メディアのあり方を考察し、提言する。

②メディアおよび文化の創造に携わる人々の労働を調査・研究し、それにふさわしい取材・創作・制作体制と職能的課題を考察し、提言する。

③シンポジウム等を開催し、研究内容の普及をはかるとともに、メディアおよび文化の研究と創造に携わる人々と視聴者・読者・市民との対話に努め、視聴者・メディア利用者組織の交流に協力する。

この目的からも明らかなように、私たちの研究所が他のメディア研究機関と異なる際だった特徴は、視聴者・読者・市民の立場からメディアのあり方を問いつづけるところにあります。私たちは、そうした立場からメディアと社会を見据えたさまざまなシンポジウムを各地で開くとともに、「マスメディアの産業構造」「ジャーナリズム」「マスコミ法制」といった研究プロジェクトを内部につくり、その研究・調査活動の成果を「提言」にまとめて発表してきました。

しかし、メディア界はいま、「デジタル化」というキーワードのもとに「革命」と呼ぶにふさわしい変革の波にさらされています。それだけに、この激しい変化を深く掘り下げ、その行方をわかりやすく紹介していくことが市民の側から強く求められてもいます。私たちが『メディア総研ブックレット』の刊行を思いたったのは、そうした時代の要請に何とか応えたいと考えたからです。

私たちは、冒頭に掲げた三つの目的を頑なに守り、視聴者・読者・市民の側に立ったブックレットをシリーズで発行していく所存です。どうか『放送レポート』（隔月刊誌）とともにすえながくご支援、ご愛読下さいますようお願いします。

メディア総合研究所

〒160-0022 東京都新宿区新宿1-29-5-902
Tel：03(3226)0621
Fax：03(3226)0684
◆ホームページ
http://www1.kcom.ne.jp/m-soken/
◆e-mail アドレス
m-soken@ma.kcom.ne.jp

<メディア総研ブックレット　No.6>
誰のためのメディアか——法的規制と表現の自由を考える——

2001年6月15日　初版第1刷発行

編者 —— メディア総合研究所
発行者 — 平田　勝
発行 —— 花伝社
発売 —— 共栄書房
〒101-0065　東京都千代田区西神田2-7-6 川合ビル
電話　03-3263-3813
FAX　03-3239-8272
E-mail　kadensha@muf.biglobe.ne.jp
http://www1.biz.biglobe.ne.jp/ ~kadensha
振替 —— 00140-6-59661
装幀 —— 山田道弘
印刷 —— 中央精版印刷株式会社

ISBN4-7634-0369-9　C0036

花伝社の本

放送を市民の手に

－これからの放送を考える－
メディア総研からの提言

メディア総合研究所　編
定価（本体800円＋税）

●メディアのあり方を問う！
本格的な多メディア多チャンネル時代を迎え、「放送類似サービス」が続々と登場するなかで、改めて「放送とは何か」が問われている。巨大化したメディアはどうあるべきか？ホットな問題に切り込む。
メディア総研ブックレット No.1

情報公開とマスメディア

—報道の現場から—

メディア総合研究所　編
定価（本体800円＋税）

●意識改革を迫られる情報公開時代のマスコミ
情報公開時代を迎えてマスコミはどのような対応が求められているか？　取材の対象から取材の手段へ。取材の現状と記者クラブの役割。閉鎖性横並びの打破。第一線の現場記者らによる白熱の討論と現場からの報告。
メディア総研ブックレット No. 2

Ｖチップ

—テレビ番組遮断装置は是か非か—

メディア総合研究所　編
定価（本体800円＋税）

●暴力・性番組から青少年をどう守るか？
Ｖチップは果たして効果があるのか、導入にはどのような問題があるか。Ｖチップを生み出した国－カナダの選択／アメリカVチップ最前線レポート／対論－今なぜVチップ導入なのか（蟹瀬誠一、服部孝章）
メディア総研ブックレット No. 3

テレビジャーナリズムの作法

—米英のニュース基準を読む—

小泉哲郎
定価（本体800円＋税）

●報道とは何か
激しい視聴率競争の中で、「ニュース」の概念が曖昧になり「ニュース」と「エンターテイメント」の垣根がなくなりつつある。格調高い米英のニュース基準をもとに、日本のテレビ報道の実情と問題点を探る。
メディア総研ブックレット No. 4

スポーツ放送権ビジネス最前線

メディア総合研究所　編
定価（本体800円＋税）

●テレビがスポーツを変える？
巨大ビジネスに一変したオリンピック。スポーツの商業化と、それに呼応するテレビマネーのスポーツ支配は、いまやあらゆるスポーツに及びつつある。ヨーロッパで、いま注目を集めるユニバーサル・アクセス権とは。
メディア総研ブックレット No. 5

楽々《らくらく》理解 ハンセン病

人間回復——奪われた90年
「隔離」の責任を問う

ハンセン病国賠訴訟を支援する会・熊本
武村　淳　編
定価（本体800円＋税）

●国の控訴断念—画期的熊本地裁判決
ハンセン病とは何か。誤った偏見・差別はなぜ生まれたか？　強制隔離、患者根絶政策の恐るべき実態。強制収容、断種、堕胎手術、監禁室……生々しい元患者の証言。
この１冊で、ハンセン病問題の核心と全体像が楽々分かる。